民法总则与生活

宋纪连　徐青英　郭艺蓓　著

Minfa Zongze Yu Shenghuo / Minfa Zongze Yu Shenghuo

上海人民出版社

目录

第一章　民法之门与钥匙

第一节　生活世界与民法相遇
——美好生活与民法的意义

一、民法的概念、性质

【案例】　张公平[1]邀请30名好友组建微信群，大家相约：先由张公平发随机红包200元，抢到红包数额前三的都要继续发红包。张公平的好友董敏法抢了数次红包，红包数额进入前三但拒绝发红包。

【问题】　微信群里其他成员可否根据民法的规定，以违反合同为由向法院起诉要求董敏法履行群规？

1. 民法的概念

我国《民法总则》第2条从民法的调整对象和任务的角度，给民法下了一个定义，即民法是调整平等主体的自然人、法人和非

① 案例中出现的人名均为化名，下同。

法人组织之间的人身关系和财产关系的法律规范的总和。

形式上的民法是指民法典，按一定逻辑顺序编纂的系统的民事法律规范体系；实质上的民法，是指调整人身关系和财产关系的民事法律规范的总和，包括民法典以及各种民事单行法。

我国《民法总则》采纳了民商合一的立法体制。即广义的民法就是指所有的私法规范，包括调整人身关系（亲属关系）、财产关系（包括物权、债权、知识产权关系以及商事关系）的法律规范。广义的民法＝狭义的民法＋知识产权法＋商法。

案例中建群发红包属于情谊行为，当事人欠缺受法律拘束的意思，该社会关系由道德调整，不属于民事法律关系规范范畴，微信群里其他成员不能以违反民法的规定为由向法院起诉要求董敏法履行群规。

2. 民法的性质

民法的性质，是指民法区别于其他法的重要标准，是民法本身所固有的根本属性。

（1）民法是市场经济的基本法

在我国社会主义法律体系中，对社会主义市场经济关系进行法律调整，最基础、最重要的当属民法。在市场经济条件下，市场的本质就是交易关系的总和。首先意志独立、财产独立、责任自负的市场交易主体需要民法总则、人格权法及商事主体法等的保障。其次，市场交易的本质主要是财产权的交易，这就需要物权法和知识产权法的保障。规范交易过程、维护交易秩序的基本规则是合同法制度。证券、保险、海商法等商法是对于商品市场、要素市场具体规则的保护。

（2）民法是市民社会的基本法，是私法

市民社会是与国家相分离的独立自主领域。民法调整市民社会关系，重在保护市民的私权，协调市民利益，以构建和谐的市民社会秩序。

《民法总则》广泛确认了民事主体所享有的各项权益，规定了胎儿利益保护规则、民事行为能力制度、老年监护制度、英烈人格利益保护等，实现对人“从摇篮到坟墓”各个阶段的保护，每个人都将在民法慈母般爱护的目光下走完自己的人生旅程。民法保护私人权益，规范平等主体之间关系，是典型的私法。“民法是私法的一部分，私法是整个法律制度中的一个组成部分。”①

（3）民法主要是实体法

民法作为实体法，既是行为规范，又是裁判规则。民法作为行为规范确立交易规则，为交易当事人从事各种交易行为提供明确的行为规则。

民法为司法裁判提供了一套基本规范和术语，对法官行使的自由裁量权作出了必要的限制。就民事案件的司法裁判而言，法官所应依据的基本规则就是民法典。

二、民法的调整对象与其他法律部门的关系

【案例】　以下是张公平与梁一思最近几年生活中发生的一些事情：

2015 年，梁一思 22 岁生日当天，张公平书面承诺：“如我在南京找到工作，则陪你去法国深度旅游 10 天。”平时梁一思作为青年志愿者，定期去福利院做帮工，受到福利院老人们一致好评。年底张公平请求税务机关退还其多缴的 5 000 元个人所得税。

① ［德］卡尔·拉伦茨：《德国民法通论》（上册），王晓晔等译，法律出版社 2003 年版，第 3 页。

日子飞逝,张公平与梁一思结婚已经3年了,生育一子。张公平在甲商城购买了一部最新款手机,赠与妻子。梁一思在小区散步时丢失,行人汪芹泉捡到,但拒绝归还。

【问题】 以上哪些关系是民法的调整对象?

1. 调整对象

民法调整的社会关系涉及生活的方方面面,涉及财产所有、房屋买卖、银行借贷、物品租赁、人格尊严、结婚家庭、财产继承、商标专利等,小至买块牛排,大至周游世界,海外贸易,都属于民法调整的范畴;人的生老病死,衣食住行,企业的创办与经营活动,都涉及民法问题。

但不是所有的生活关系都属于民法调整,民法不予调整平等主体的社会关系,通常称为“情谊行为或道德行为”,如朋友相处、师生交往、情侣恋爱、请客吃饭、相伴旅行、志愿服务等产生的社会关系。案例中张公平书面承诺“如我在南京找到工作,则陪你去法国深度旅游10天”,属于生活中的友谊关系,没有法律意义;梁一思定期去福利院做帮工是道德行为,也不产生法律上的权利和义务,不由民法调整。

《民法总则》第2条规定了民法的调整对象。《民法总则》第109—132条对平等主体之间的人身关系和财产关系作了原则性规定。

民事主体具有平等性,即他们之间互不隶属,没有上下级关系,他们的法律地位一律平等,平等地受到民法的保护和救济。如合同关系或物权关系中地位是平等的。在此种关系中,当事人任何一方不得命令或强迫另一方作出或者不作出某种行为。①

① 参见[德]卡尔·拉伦茨:《德国民法通论》(上册),王晓晔等译,法律出版社2003年版,第5页。

政治管理性的人身关系不由民法调整，如选举与被选举关系，处长与科长之间的关系等。具有行政隶属性质的纵向财产关系，即国家财政、税收、劳动和其他必须以行政手段调整的财产关系，也不属于民法调整的范围。案例中张公平纳税、退税问题是税务机关与纳税主体之间的关系，此关系非属平等主体之间的关系，而是行政法律关系。

(1) 人身关系是与民事主体的人身不可分离，以特定精神利益为内容的社会关系，包括人格关系和身份关系。人格关系，是指民事主体为实现人格利益而发生的权利义务关系，在民法上表现为健康权、名誉权、隐私权、肖像权、一般人格权等。身份关系，是民事主体基于身份利益发生的权利义务关系，在民法上表现为夫妻关系、亲权关系等。如案例中张公平、梁一思与孩子的关系就是民法调整的人身关系。当然人身关系还包括知识产权中的人身权关系。

(2) 财产关系是人们基于财产的支配和交易而形成的社会关系。对物的支配是物权关系；对智力成果的支配就是知识产权关系，也称之为无形财产关系。交易型财产关系反映的是商品与服务交换中的财产关系，既包括有偿的商品交换，如商品买卖、加工承揽等，又包括无偿的借用关系、赠与关系等。案例中张公平与甲商场的关系是买卖合同关系，拿到手机时张公平对手机享有物权，赠与梁一思，则构成赠与合同关系，行人汪芹泉捡手机与梁一思构成不当得利之债关系，拒绝归还构成侵权之债的法律关系。

2. 与其他法律部门的关系

(1) 商法

商法是调整商事关系的法律规范的总称，包括公司法、破产法、票据法、海商法和保险法等。我国实行民商合一的体例，由民法统一调整平等民事主体之间的财产关系和人身关系，商法只是民法的特别法，包含于民法之中。

（2）行政法和经济法

行政法是调整行政关系，规范和控制行政权的法律规范的总称。[①]经济法，就是国家行政权作用于经济领域，国家行政机关对国民经济实行组织、管理、监督、调节的法律规范的总称，也称为经济行政法。[②]

由民法进行基础调节的市场经济不是万能的，会产生市场失灵等问题，这就需要经济法以政府宏观调控的目的介入民事关系中，对财产、市场交易等进行必要的干预。例如，通过反垄断、反不正当竞争等方式，保证市场经济的稳定和实现国家对宏观经济的调控。

行政法包括经济法属于典型的公法，与作为私法的民法在理论上是完全不同的。在行政关系中，必有一方是国家行政管理机关。任何行政关系都是在国家行政管理活动中产生的。而民事关系的主体主要是自然人和法人，国家只是在例外的情况下才成为民事主体。

（3）社会法

社会法是调整因个人基本生活权利保障而衍生的相关社会关系的法律规范总称，主要包括劳动法、社会保障法、社会救助法等法律。在民法无法为受害人提供充分的救济时，社会法可以对受害人提供补充性的保护。[③]

---

① 参见姜明安：《行政法》，北京大学出版社 2017 年版，第 29 页。

② 有关经济行政法的观点，参见梁慧星、王利明：《经济法的理论问题》，中国政法大学出版社 1986 年版，第 70 页。

③ 参见王利明：《民法总则研究》（第 3 版），中国人民大学出版社 2018 年版，第 62 页。

民法以私法自治为原则，表现出较强的任意法的特性；而社会法主要是强行法，它不允许当事人之间自由设立权利义务。例如，就社会保险而言，尽管存在自愿险，但更多的是法定的强制险。

三、民法的渊源与适用范围

【案例】 某影楼与魏荃泽在肖像权使用合同中约定："影楼为魏荃泽免费拍写真集，魏荃泽允许影楼使用其中一张照片作为影楼的橱窗广告。"后魏荃泽发现自己的照片被用在一种药品广告上。经查，制药公司是从该影楼花900元买到该照片的。

【问题】 制药公司和影楼是否侵犯魏荃泽的肖像权？影楼有无违反肖像权使用合同？请寻找相关法律依据？

1. 民法的渊源

民法的渊源，就是处理民事纠纷的依据，包括法律、行政法规、最高人民法院司法解释和民事习惯。

法律，是指经过具有立法权或准立法权的国家机关，以条款形式加以编纂，而制定成的规范性文件。法律既包括宪法以及全国人民代表大会及其常委会制定的民事法律，如《物权法》《合同法》《侵权责任法》《婚姻法》《继承法》《收养法》《担保法》等，这些法律将会被统一修改编入民法典。

民法的渊源也包括国务院制定的行政法规，如《不动产登记暂行条例》《婚姻登记条例》《著作权法实施条例》《商标法实施条例》《专利法实施细则》《信息网络传播权保护条例》等。

根据《全国人民代表大会常务委员会关于加强法律解释工作的决议》，立法机关授予最高人民法院和最高人民检察院对具体法律适用问题进行解释的权力。最高人民法院在此基础上制定《最高人民法院关于司法解释工作的规定》(法发〔2007〕12号),其中第27条规定:"司法解释施行后,人民法院作为裁判依据的,应当在司法文书中援引。人民法院同时引用法律和司法解释作为裁判依据的,应当先援引法律,后援引司法解释。"由此可见,最高人民法院颁行的规范性司法解释,可以作为民事纠纷裁判的依据。本案中制药公司以营利为目的做广告,未经允许擅自使用魏荃泽的肖像,侵犯了她的肖像权。法律依据有《民法总则》第110条,最高人民法院《民法通则意见》第139条、第150条、第151条的规定以及最高人民法院《精神损害赔偿司法解释》相关规定。同时,影楼为制药公司的侵权行为提供了帮助,根据《侵权责任法》第9条,影楼与制药公司构成共同侵权。影楼与魏荃泽之间成立了使用魏荃泽肖像权的合同,即使合同未明确约定影楼不得擅自将她的照片提供给他人使用,但根据诚实信用原则以及《合同法》第60条第2款,影楼也负有不得擅自将照片提供给他人使用的附随义务,现影楼违反了该附随义务,构成违约。

所谓习惯,是社会生活中经过长期实施而形成的为人们共同信守的行为规则,是社会生活中被反复适用和遵循的做法,包括村规民约、社区公约、当地善良风俗、行业惯例和交易习惯等。我国《民法总则》第10条规定,为民事习惯成为解决民事纠纷依据奠定基础。《合同法》及《物权法》立法中,均对民事习惯作为民事纠纷的处理依据作出明确规定。地方习惯、行业习惯等,良莠不齐,为确保法律秩序的统一、法律体系的融贯,成文法对习惯设有要件限定:无论何种习惯,仅在不违背公序良俗的情况下,始得成为民法法源。①

① 参见李宇:《民法总则要义:规范释论与判解集注》,法律出版社2017年版,第56页。

2. 民法的适用范围

民法的适用范围，是指民事法规在何时、何地、对何人发生法律效力。民法的适用范围，也是民法的效力范围。正确了解民事法律规范的适用范围，是准确适用民事法律规范的重要条件。从内容上看，民法的适用范围包括时间上的适用范围、空间上的适用范围和对人的适用范围。

（1）民法在时间上的适用范围

民法在时间上的适用范围，是指民事法律规范在时间上所具有的法律效力。民法的效力自实施之日发生，至废止之日停止。《民法总则》第 206 条规定，本法自 2017 年 10 月 1 日起施行。

（2）民法在空间上的适用范围

民法在空间上的适用范围，是指民事法律规范在空间上所具有的效力。《民法总则》第 12 条规定："中华人民共和国领域内的民事活动，适用中华人民共和国法律。法律另有规定的，依照其规定。"凡属全国人民代表大会及其常务委员会、国务院及其所属各委、部、局、署、办等中央机关制定并颁布的民事法规，适用于我国领土、领空、领海，还包括根据国际法视为我国领域的我国驻外使领馆，以及在我国领域外航行的我国船舶和飞行于我国领空以外的我国飞行器等。凡属地方各级立法机关根据各自的权限所颁布的民事法规，只在各该立法机关管辖区域内发生效力。

（3）民法对人的适用范围

民法对人的适用范围，就是民事法律规范对于哪些人具有法律效力。民法适用于我国自然人和法人；我国民法适用于居住在我国境内的外国人、无国籍人以及外国法人在我国设立的分支机构，但法律另有规定的除外。

四、民法典的体系

【案例】 张公平的一生遇到的一些事情：出生、拍婚纱照、结婚、生孩子、买房、买车、房产登记、父母去世、交通事故受伤死亡等。

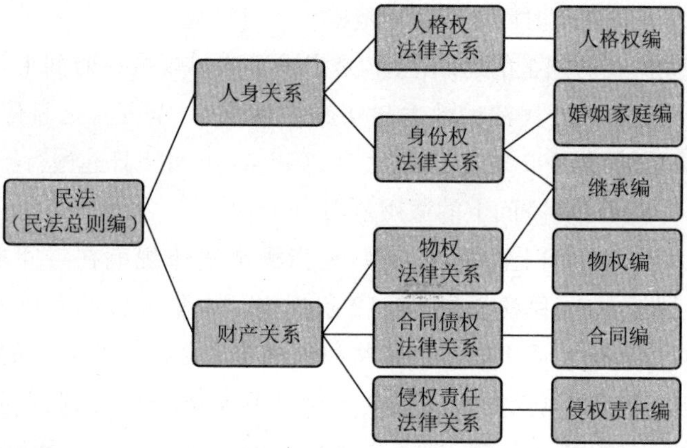

【问题】 对照未来中国民法典的示意图，张公平的一生遇到的一些事情会和民法典的哪一部分相对应？

民法典是按照一定的体系编撰的调整民事关系的规范和制度的集合。大陆法系各国民法典的编纂体系，主要有罗马式与德国式两种模式。

罗马式将民法分为人法、物法和诉讼法。这种三编的编纂体系被《法国民法典》全盘接受，但《法国民法典》剔除了其中的诉讼法内容，把物法分为财产及对所有权的各种限制和取得财产的各种方法，将民法典分为人法、财产法、财产权取得法三编，2006 年《法国民法典》修订又增加了担保编。《法国民法典》没有设立总则，缺少关于民事活动的一般原则。

德国式体系是潘德克顿学派在注释罗马法特别是在对《学说汇纂》的解释的基础上形成的。该体系首先确定了总则，规定民法共同的制度和规则，然后区分了物权和债权，区分了财产法和身份法，把继承单列一编，从而形成了完整、明晰的体系。大陆法系许多国家与地区都接受了德国式民法典体系，如日本、泰国、韩国、葡萄牙、希腊、俄罗斯等国家以及我国台湾地区、澳门特区的民法。不过，日本在继受德国式时，将物权置于债权之前。①

我国已经颁布了《民法总则》《合同法》《物权法》《侵权责任法》《婚姻法》《继承法》等重要的民事法律，未来我国民法典应该在此基础上通过修改、补充、完善相关的规则，形成体系化的民法。根据民法典各分编草案，在《民法总则》通过后，未来民法典的体系应当由民法总则、物权编、合同编、人格权编、婚姻家庭编、继承编和侵权责任编组成。案例中张公平出生与民法总则中的自然人对应，拍婚纱照与人格权编的肖像权对应，结婚生孩子与婚姻家庭编对应，买房买车与合同编对应，房产登记与物权编对应，父母去世与继承编对应，交通事故受伤死亡与侵权责任编和继承编对应等。

第二节　民法的价值主线——民法的基本原则

一、民法基本原则的概念与功能

【案例】　张公平与梁一思协议离婚，张公平将自己的一套价值500万元的婚前个人房产离婚后过户到梁一思的名下，但前提

① 参见郑玉波：《民法总则》，中国政法大学出版社，2003年版，第40页。

是梁一思不得再婚。如果再婚，该赠与合同失效，房产返回。梁一思同意这一条件，并在协议上签字。

【问题】 该离婚协议中对梁一思不得再婚的约定，违反了民法的什么基本原则？

1. 概念

民法基本原则，是指其效力贯穿民法制度始终，并指导民事立法、民事司法和民事活动的基本准则。

(1) 内容上的根本性。民法基本原则包括平等原则、自愿原则、公平原则、诚实信用原则、公序良俗原则、绿色原则，反映了市民社会对平等、自由、秩序、正义的渴望。

(2) 效力上的贯穿始终性。民法基本原则以抽象、概括的字眼为民法提供自始至终具有法律效力的指导思想和基本准则。具体民事制度和民法规范只有在民法基本原则的指导下才能发挥功能。基本原则是强行性规范，不允许当事人排除其适用。①

(3) 补充性的作用。民法基本原则只具有补充性的作用，一般不能成为法官判决的唯一根据。只有在出现法律漏洞时，通过司法解释或与具体民法规范相结合，才能发挥法律调整的作用。

2. 功能

(1) 民法基本原则是民事立法的准则。这意味着制定各项民事法律规范不能违反民法的基本原则。例如，作为民法基本原则的当事人主体地位平等原则就不仅体现在我国《民法总则》第 4 条，而且体现在《合同法》第 3 条，即“合同当事人的法律地位平等，一方不得将自己的意志强加给另一方”。

---

① 参见王利明：《民法总则研究》(第 3 版)，中国人民大学出版社 2018 年版，第 89 页。

(2) 民法基本原则是民事司法、民事活动的准则。法官适用民法规范不能偏离民法基本原则,属于授权条款性质的诚实信用原则、公序良俗原则可以直接适用,其他不能直接适用的平等原则、公平原则、合同自由原则也对民事司法有指导作用。在现行法律规范存在的情况下,由于民法基本原则仍然可以作为民事主体的行为准则,因此在间接的意义上也起着评价人们行为的作用。案例中离婚协议中对梁一思不得再婚的约定违反了民法的自愿原则,是对结婚自由的粗暴干涉。

(3) 民法基本原则是民法解释的依据。当某一法律规范的理解有歧义时,需要法律解释阐明它的含义。民法基本原则是法律解释重要的依据之一。虽然民法基本原则本身不经常被援引作为判决的直接依据,但可以被当作解释规则运用。

二、平等原则和自愿原则

【案例】 董敏法与魏荃泽于 2016 年 8 月相识。2017 年 5 月底,董敏法提出和魏荃泽结婚,但魏荃泽予以拒绝。2017 年 9 月中旬,董敏法借给魏荃泽一张信用卡由魏荃泽使用,并分多次借给魏荃泽共计 10 万元。后来,董敏法以不偿还 10 万元借款及透支信用卡为由,多次对魏荃泽进行语言恐吓,要求魏荃泽必须与之结婚。魏荃泽无奈于 2018 年 12 月 24 日与董敏法登记结婚。

【问题】 董敏法与魏荃泽的婚姻关系违背了什么民法原则?

1. 平等原则

平等原则,是《民法总则》第 4 条规定的一条基本原则,是指民事主体平等地享有法律人格,平等地享有权利和承担义务,其民事权益平等地受法律保护的基本原则。恩格斯曾明确指出："平等是民法产生和发展的基础。"[①]民法上的平等原则，是宪法关于"公民在法律面前一律平等"在民法领域的具体体现。

平等原则具体体现在以下四个方面：

（1）民事主体资格（民事权利能力）平等。任何自然人，无论其种族、性别、年龄、精神状态、宗教信仰和文化程度等有何差别，他们的民事权利能力都是平等的。任何组织，只要符合法人的成立条件，都可以取得法人资格。法人的种类不同，具体业务范围不同，但其民事主体资格平等。

（2）民事主体的地位平等，任何一方都不得将自己的意志强加于另一方。即使他们之间存在着行政隶属关系、血亲关系等，都不能改变他们在民事活动中的平等地位。

（3）民事主体平等地享有权利，承担义务。民事主体平等地享有法定的和约定的权利，承担法定的和约定的义务，任何人不能侵害他人的权利，或者不履行自己的义务。

（4）民事主体的民事权益平等地受法律保护。民事权益包括民事权利和其他合法的利益。任何民事主体的民事权益受到非法侵害，都有权请求人民法院给予救济和保护。

2. 自愿原则

自愿原则，又称意思自治原则，是《民法总则》第 5 条规定的一条基本原则，是指民事主体在法律允许范围内按照自己的意思设立、变更、终止民事法律关系，并自主承担由此产生的法律后果。法律地位平等是自愿原则的前提，自愿原则是法律地位平等的体现。自愿原则体现了民法的基本精神，奠定了民法作为市民

---

① 中共中央马克思恩格斯列宁斯大林著作编译局：《马克思恩格斯选集》第 3 卷，人民出版社 1995 年版，第 143 页。

社会基本法的基本地位。[1]自愿原则要求如下：

(1) 民事主体有权自主决定是否参与民事行为、参与程度、参与方式、参与内容、合作方为谁。主要包括：第一，人身不受非法干涉。第二，财产不受他人支配。所有人对自己的财产享有自由的占有、使用、收益、处分的权利。第三，合同自由。这是自愿原则的核心。第四，婚姻自由，任何人不得干涉婚姻自由。婚姻自由包括结婚自由和离婚自由。案例中，结婚必须男女双方完全自愿，不许任何一方对他方加以强迫。因胁迫结婚的，受胁迫的一方可以向婚姻登记机关或人民法院请求撤销该婚姻。董敏法以不偿还借款、透支银行卡、语言恐吓等手段，迫使对方违背自身意志，同意与其结婚。董敏法的行为已构成胁迫结婚，依法应当撤销该婚姻。

(2) 对自己的自愿行为承担责任。一是任何有责任能力的人都要履行自己自愿承诺的义务；二是任何人都要承担由于自己过失造成他人损害的赔偿责任。

三、公平原则和诚实信用原则

1. 公平原则

【案例】 2018年10月24日傍晚，某市流云餐厅发生爆炸事件，造成2人死亡，14人受伤，肇事者当场死亡，无任何遗产。爆炸起因为某医生自带伪装成酒水的炸弹。死者之一就是张某的儿子，张某的妻子则失去脾脏和左手。张氏夫妇向法院提起诉

[1] 参见杨立新：《中国民法总则研究》，中国人民大学出版社2017年版，第154页。

讼，要求向被告流云餐厅索赔医疗费、丧失生育能力赔偿金等共计人民币405万元。被告方认为该案的损害结果并非餐厅侵权或违约所致，餐厅也有巨大损失。

【问题】 张氏夫妇的损失能够得到法院的支持吗？

公平原则是《民法总则》第6条规定的一条基本原则，是指民事主体从事民事活动，应当公正、平允、合理确定各方的权利和义务。①公平原则要求在民事活动中要机会均等、互利互惠，兼顾双方利益，反对暴利、以强凌弱、乘人之危、巧取豪夺等不公平现象。

公平原则要求：

(1) 民事主体从事民事活动应当合理地确定各方的权利和义务。不允许一方只享有权利而另一方只承担义务。在民事活动中对于违反公平原则，权利义务严重失衡的，受害方有权依法请求人民法院或者仲裁机构撤销。公平原则渗透在民法制度的各个部分，如《民法总则》规定的正当防卫规则，《合同法》中的合同漏洞填补规则、买卖合同中的标的物风险转移规则，以及《侵权责任法》中的过错责任原则、过错推定原则等也都体现了公平原则。

(2) 公平原则要求在民事活动中，尤其是合同订立的过程中，遵循价值规律，反对暴利，维持当事人之间的利益均衡。如我国《合同法》第39条规定，采用格式条款订立合同的，提供格式条款的一方应当遵循公平原则确定当事人之间的权利义务。

(3) 法官在适用法律处理民事纠纷时，应当严格依照公平理念作出判断。②法官在处理民事案件时，在法律没有明文规定或者

① 参见王利明：《民法总则研究》(第3版)，中国人民大学出版社2018年版，第113页。

② 参见杨立新：《中国民法总则研究》，中国人民大学出版社2017年版，第154页。

规定不明确，当事人也没有约定时，法官可以依据公平原则作出裁判，切实保障当事人的合法权益。案例中的损害结果并非流云餐厅侵权或违约所致，故不能以此为由判令其给予赔偿。但流云餐厅为营利而接受顾客自带酒水到餐厅消费，从而有某医生自带伪装成酒水的炸弹到餐厅消费的事实，其营业行为与爆炸案的发生有客观事实结果的联系。法院认为，为平衡当事人的损害结果，贯彻民法的公平原则，应酌情由餐厅补偿张氏夫妇30万元。

2. 诚实信用原则

【案例】 原告海通食品加工公司与被告新城建筑公司签订了一份钢材买卖合同，由原告供货。当原告从外省某钢铁厂联系货源并根据合同约定将钢材通过铁路运至被告附近的火车站时，因钢材的市场价格与合同约定的价格相比已大幅下跌，在原告通知被告提货付款时，被告以原告出卖钢材超越了经营范围为由，认为双方签订的合同无效、被告无履行的义务。在多次催促被告提货和支付货款无果的情况下，原告起诉要求被告接受钢材、支付货款并支付违约金和逾期提货的保管费。

【问题】 被告的行为违背了什么原则？被告的主张法院会支持吗？

诚实信用原则是《民法总则》第7条规定的基本原则，是指民事主体在民事活动中应当讲究诚实、恪守信用，并依照善意的方式行使权利、履行义务。

（1）诚信原则对于当事人而言既是道德规范，也是法律准则，它引导民事主体正确行为。与他人设立、变更或消灭民事法律关系时，均应把善意作为行为的基本出发点，讲究信用、恪守诺言、诚实不欺。本案中，新城建筑公司在订立合同时，明知对方超越经营范围仍然与其订立合同，事后又因为合同履行对其不利，为逃避承担违约责任而主张合同无效，这种行为显然有违诚实信用原则，新城建筑公司的主张因此不会得到法院的支持。

（2）法官及仲裁员处理民事案件时应贯彻诚实信用原则，特别是在法律没有明确规定时，更应以诚实信用为判断标准，解释法律、填补漏洞，以事实为依据来调整各方当事人的权利义务关系，以达到平等、充分地保护各方当事人的利益的目的。

诚信原则产生了一系列的规则，如附随义务、情势变更、禁止权利滥用、缔约过失责任、权利失权等。例如，甲、乙二人同村，宅基地毗邻。甲的宅基地倚山、地势较低，乙的宅基地在上将其环绕。乙因琐事与甲多次争吵而郁闷难解，便沿二人宅基地的边界线靠己方一侧，建起高5米围墙，使甲在自家院内却有身处监牢之感。乙的行为构成权利滥用，违背了诚信原则。

四、公序良俗原则和绿色原则

【案例】 蒋某与黄某于1963年5月登记结婚，婚后夫妻关系一直较好，并收养一子。1990年7月，蒋某继承父母遗产而取得面积为51平方米的房屋一套。1995年因城市建设，该房屋被拆，拆迁单位将一套面积为77.2平方米的住房安置给了蒋某，并以蒋某的名义办理了房屋产权登记手续。1996年，黄某与比他小近30岁的张某相识后，二人便一直在外租房公开同居生活。2000年9月，黄某与蒋某将蒋某继承所得房产以8万元的价格出售。双方约定在房屋交易中产生的税费由蒋某负担。2001年春节，黄某、蒋某将售房款中的3万元赠与其养子。2001年年初，黄某因肝癌晚期住院治疗，于2001年4月18日立下书面遗嘱，将总额为6万元的财产赠与张某，其中包括出售前述房屋所获款的一半即4万元，及住房补助金、公积金、抚恤金和自己所用的手机一部等。该遗嘱于2001年4月20日在某公证处得到公证。

2001年4月22日，黄某因病去世。黄某的遗体火化前，张某偕同律师上前阻拦，并当着蒋某的面宣布了黄某留下的遗嘱。当日下午，张某以蒋某侵害其财产权为由诉讼至某人民法院。法院认为，遗赠人黄某的遗赠行为违反了法律的原则和精神，损害了社会公德，破坏了公共秩序，应属无效行为，依照我国《民法通则》第7条的规定，于2001年10月11日作出一审判决，驳回原告张某的诉讼请求。一审宣判后，张某不服一审驳回诉讼请求的判决，于2001年11月提起上诉。二审法院认为，抚恤金是死者单位对死者直系亲属的抚慰，黄某死后的抚恤金不是其个人财产，不属于遗赠财产的范围；黄某的住房补助金、公积金属于夫妻共同财产，黄某未经蒋某同意，单独对夫妻共同财产进行处理，侵犯了蒋某的合法权益，当庭作出了驳回上诉、维持原审的终审判决。

【问题】　分析黄某的遗嘱是否违背公序良俗原则？

1. 公序良俗原则

公序良俗原则，是《民法总则》第8条规定的一条基本原则，是指民事主体从事民事活动，不得违反法律，不得违背公共秩序与善良风俗。公序良俗原则的要求如下：

（1）民事主体从事民事活动不得违反法律。法律是国家权力机关依法制定和实施的行为规范，有的属于引导性规范，有的属于命令性规范，有的属于禁止性规范。民事主体从事民事活动，对这些法律规范都应当遵守，不得违反。特别是对于命令性规范和禁止性规范来讲更是如此，否则，民事主体所从事的法律行为无效或者依法予以撤销。

（2）民事主体从事民事活动不得违背公序良俗。我国在一系列民事法律和其他法律中也充分体现了善良风俗原则，如民法提倡的见义勇为、拾金不昧、尊重他人以及家庭成员间相互扶助、尊老爱幼等。违背公序良俗的民事活动不受法律保护，否则，就会影响和阻碍市民社会的健康有序发展。

实践中，违反公序良俗的情形主要包括：危害国家公序、危害家庭关系、违反两性道德、射幸行为、侵犯人格尊严、违反竞争秩序、违反消费者与劳动权利保护、暴利行为等。①案例中黄某违背家庭伦理道德，在婚姻存续期间，与张某同居，并且在其遗嘱中将总额为6万元的财产赠与张某，该行为不符合社会公德，违背了公序良俗原则。

2. 绿色原则

现代民法对近代民法的一些基本原则进行了限制和修正，“从私的所有到私的所有的社会制约”，是现代民法从权利本位向社会本位过渡的表征之一。此种对所有权绝对的限制，通常是基于社会整体利益的考虑，如基于资源的有效利用、通过城市规划而对土地所有权的限制，基于环境保护、生态平衡的保护而对所有物使用的限制；基于资源的有效开发而对土地地下利用权的限制等。②绿色原则，是《民法总则》第9条新规定的一条基本原则，是指民事主体从事民事活动，应当有利于节约资源、保护生态环境。

绿色原则要求民事主体从事民事活动，应当秉持生态文明的思想和贯彻创新、协调、绿色、开放、共享的发展理念，注意节约资源，自觉选择耗能低、污染轻的生活与生产方式；注意保护珍稀动植物，自觉维护生态和物种多样性，做到人与自然的和谐相处；经

---

① 参见梁慧星：《市场经济与公序良俗原则》，载《民商法论丛》第1辑，法律出版社1994年版，第57—58页。

② 参见尹田：《民法典总则之理论与立法研究》，法律出版社2010年版，第126页。

济发展不得以掠夺自然资源、破坏环境和危及人们的生命健康和财产安全为代价，应当走可持续发展道路和促进人的全面发展目标的实现；不得以享有私法自治权和对物的所有权，就任意毁弃和浪费资源、破坏环境。

我们要建设的国家，应当是山清水秀、空气清新、蓝天白云、绿树成荫的美丽国家。我们要建设的小康社会，应当是环境友好、人与自然充分和谐的社会。为了保护好环境生态，为子孙后代留下可持续发展的空间，必须要遵守民法的绿色原则，有效利用资源、保护好环境生态。①

第三节　民法之门的钥匙——民事法律关系

一、民事法律关系的概念、特征

【案例】 董敏法向甲房地产开发商购买了一套房屋，价款400万元。董敏法向乙银行贷款280万元，分20年还清本息。董敏法将所购房屋在丙保险公司投保财产险，指定受益人为乙银行。

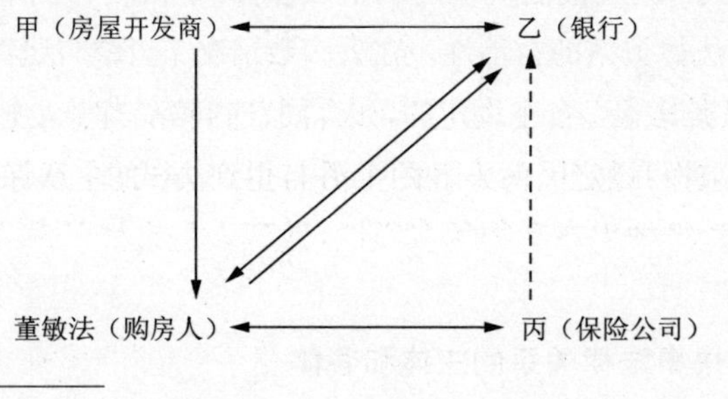

① 参见王利明主编：《中华人民共和国民法总则详解》，中国法制出版社2017年版，第47页。

【问题】 试分析房屋按揭中的民事法律关系。

1. 民事法律关系的概念

民事法律关系是由民法规范调整的、以权利义务为内容的社会关系。生活事实层面的社会关系经由民法规范调整后，被赋予民事权利义务内容，就此转化为法律关系。案例中(1)甲与董敏法之间是商品房买卖合同关系；(2)董敏法与乙之间：①(向第三人履行的)借款合同关系(借款由乙直接支付给甲)；②房屋抵押合同关系(董敏法将房屋抵押给乙，为乙设立抵押权)；(3)董敏法与丙之间是(向第三人履行的)财产保险合同关系(若房屋因特定事件灭失，保险金由丙支付给乙)。

2. 民事法律关系的特征

民事法律关系有别于其他法律关系的特征有：

(1) 主体的平等性。民法所调整的社会关系的平等性决定了民事法律关系的平等性。不管是自然人、企业还是国家机关，只要在民事法律关系中都是以民事主体的身份出现，他们之间的关系都是平等的。

(2) 内容为民事权利和民事义务。民事主体之间的财产关系和人身关系，通过民法规范的调整，成为民事权利和民事义务。

(3) 法律关系的自治性。在大多数情况下，民事法律关系是由当事人根据其意思自主设定的，如合同、遗嘱等，当事人只要遵循法定的条件，即可设定民事法律关系，并且得到法律的承认和保护。

二、民事法律关系的主体和客体

【案例】 2017 年 1 月 1 日，原告董敏法一行四人入住由被告张公平个人独资开办的甲宾馆507房间。该房为标准间，以董敏法两个伙伴名义进行了登记。董敏法及另外一人也同居该室，但未办理加铺手续。次日凌晨三时许，该宾馆407号房间失火，火势迅速蔓延，致使宾馆三层以上发生重大火灾，董敏法等人为逃生而破窗跳楼，身上有多处被火烧伤，另有跌伤等其他损伤，随身所带物品也付之一炬。

【问题】 本案中每一个民事法律关系的主体、客体是什么？

1. 民事法律关系的主体

民事法律关系的主体，是指民事法律关系中享受权利、承担义务的人。民法承认的民事法律关系的主体主要是自然人、法人和非法人组织。在某些情形下，国家可作为法人，参与民事法律关系，如发行国库券、国债等。本案中法律关系主体有原告董敏法等四个自然人以及被告张公平和甲宾馆（个人独资企业）。

自然人与法人有专门章节分析介绍，这里重点分析非法人组织。与自然人和法人相比，非法人组织具备特殊性，通常不具有独立承担责任的能力，其对权利的享有也具有从属性。

《民法总则》第四章提出了一个新的概念，即“非法人组织”。这个概念在以前的民法单行法中从来没有使用过。《民法总则》已经改变了《民法通则》对民事主体“两分法”的传统做法，采用了“三分法”立场，即民事主体包括自然人、法人和非法人组织。这是我国民事主体制度的一个重大改革。①

所谓非法人组织，是指不具有法人资格，但是能够依法以自己的名义从事民事活动的组织。《民法总则》在总结既有立法和

① 参见杨立新：《中国民法总则研究》，中国人民大学出版社2017年版，第471页。

司法实践经验的基础上，单设一章规定非法人组织，承认了非法人组织的民事主体地位。非法人组织主要具有如下特征：

(1) 非法人组织应当依据法律规定的条件和程序设立。依据《民法总则》第103条的规定，非法人组织的设立原则上都应当登记，如果法律、行政法规规定非法人组织的设立必须经有关机关批准的，则设立非法人组织还应当经过批准。这就使非法人组织和未进行登记的民事合伙、设立中的法人等区别开来。

(2) 非法人组织能够以自己的名义从事民事活动。例如，非法人组织可以作为合同当事人与他人订立合同，可以享有合同权利，负担合同义务。

(3) 非法人组织也可能具有自己的财产。如果非法人组织有自己的财产，则首先应当以自己的财产对外承担责任。例如合伙企业在承担债务时，首先以合伙企业的财产承担责任，只有在合伙财产不足以承担责任时，才由各合伙人承担无限连带责任。但非法人的个人独资企业的权利从属于投资人。个人独资企业的财产权利与投资人的财产权利在最终意义上是混同的。

(4) 非法人组织不能独立承担责任。非法人组织与法人不同，不能独立对外承担责任。而对非法人组织而言，《民法总则》第104条第1款规定："非法人组织的财产不足以清偿债务的，其出资人或者设立人承担无限责任。"

非法人组织也可以分为营利性和非营利性两种。例如，律师事务所在性质上应当属于非营利性的非法人组织，而个人独资企业、合伙企业在性质上则属于营利性的非法人组织。《民法总则》第102条第2款规定："非法人组织包括个人独资企业、合伙企业、不具有法人资格的专业服务机构等。"

(1) 个人独资企业是指"在中国境内设立，由一个自然人投资，财产为投资人个人所有，投资人以其个人财产对企业债务承担无限责任的经营实体”。个人独资企业虽然以企业的形式存在，但其并不能独立对外承担责任，作为投资人的自然人仍然需要对个人独资企业的债务承担无限责任。被告张公平对个人独资开办的甲宾馆产生的债务需要承担无限责任。

（2）合伙企业，是指两个或两个以上的自然人或法人，根据合伙协议而共同出资、共同经营、共享收益、共担风险的营利性组织，合伙人对外一般承担连带无限责任，或者依法承担有限责任。普通合伙企业由普通合伙人对合伙企业债务承担无限连带责任，有限合伙企业中的有限合伙人以其认缴的出资额为限对合伙企业债务承担责任。

（3）不具有法人资格的专业服务机构，是指专门提供专业服务的非法人组织，如会计师事务所和律师事务所。会计师事务所合伙人对会计师事务所的债务承担连带责任。合伙律师事务所的合伙人按照合伙形式对该律师事务所的债务依法承担责任。

2. 民事法律关系的客体

民事法律关系的客体，即民事权利和民事义务的指向对象，依利益的表现形式，可分为物、行为、智力成果、人格利益、身份利益，它们分别是物权关系、债权关系、知识产权关系、人格权关系和身份权关系的客体。

物权关系的客体是物，例外情况下如权利质权中客体可以是权利；债的关系的客体则是债务人的特定行为，即给付，包括基于给付而产生的期待利益。知识产权关系的客体是无形财产，包括智力成果、商标等；人格权关系的客体是生命、健康、身体、名誉、隐私等人格利益；身份关系的客体是因亲属关系而享有的一定身份利益；继承关系的客体是遗产，其既包括物，也包括债权等财产权利。本案中董敏法与甲宾馆的住宿合同的客体是行为，有权要求宾馆提供安全的客房住宿服务。在火灾中身体受到伤害，人格权的客体是人格健康利益，所带的财物是物权法律关系的客体，宾馆的火灾导致了侵权之债，客体是请求宾馆完成相关赔偿行为。

三、民事法律关系的内容

【案例】 2018年4月2日，张公平与魏荃泽书面约定：张公平将一栋房屋出售给魏荃泽，房价200万元。魏荃泽支付房屋价款后，张公平交付了房屋，并办理了产权移转登记。魏荃泽接收房屋作了装修，于2018年5月20日出租给叶某，租期为2年。

【问题】 简要分析以上当事人的权利与义务？

民事法律关系的内容是指民事法律关系的主体所享有的民事权利和承担的民事义务。

1. 民事权利概念、分类及救济

民事权利是民事主体依法享有并受法律保护的利益及进行一定行为自由的可能性。

民事权利是一种受法律保护的利益，这种利益既可能是个人利益，也可能是社会利益和国家利益。从权利的社会起源看，实证权利的产生系基于公共权力对利益的强制保护。在此意义上，将权利的本质归结为法律所保护的利益，有其真知灼见。①从行为的角度看，民事权利体现为权利人进行一定行为的自由界限。

依民事权利的作用为标准将民事权利划分为支配权、请求权、形成权、抗辩权。

---

① 参见朱庆育：《民法总论》（第2版），北京大学出版社2016年版，第502页。

支配权是对权利客体进行直接的排他性支配并享受其利益的权利。支配权的行使无须其他人积极义务的配合，只要容忍、不行使同样的支配行为即可。物权、知识产权中的财产权和人格权等属于支配权。案例中魏荃泽产权移转登记后就对房屋拥有所有权，该权利是典型的支配权。

请求权是权利人请求特定他人为一定行为或不为一定行为的权利。请求权人对权利客体不能直接支配，其权利的实现有赖于义务人的协助，没有排他效力。债权是典型的请求权，物权、人格权、知识产权虽为支配权，但在受侵害时，需以请求权作为救济，故请求权在民事权利中的地位特别重要。张公平与魏荃泽签完房屋买卖合同后，张公平有请求对方付 200 万元房款的权利，魏荃泽有请求对方交付房屋并完成过户的权利。

形成权是依权利人单方意思表示就能使权利发生、变更或者消灭的权利。免除权、解除权、追认权、抵销权等都属形成权。例如，甲对乙行使免除权："你欠我的 200 元，不用还了。"

抗辩权是能够阻止请求权效力的权利。抗辩权功能主要是对抗请求权，阻止其行使或者发生效力；其效力仅仅是阻止请求权的效力的发生，而不能否认或者变更、消灭对方的请求权。合同中的先履行抗辩权、同时履行抗辩权、不安抗辩权等皆属于抗辩权。例如，甲对乙行使先履行抗辩权："根据合同约定你先交付货物，我才付款，你没有交付，我不用付钱。"

民事权利的救济。无救济则无权利，民法对民事权利的保护，主要体现在救济制度上，既赋予当事人救济权，许可当事人在某些场合依靠自身力量实施自力救济，更着重于为权利人提供公力救济。

(1) 民事权利的公力救济。公力救济是通过行政、司法、仲裁等多种机关采用多种手段实现的。例如，权利人向法院提起民事诉讼,请求法院予以保护;或者向仲裁机关提起仲裁,请求仲裁机构予以保护。在能够援用公力救济保护民事权利的场合,则排除适用自力救济。如甲向乙借款3万元一直未还,乙多次催讨未果。某天,甲家中无人,乙就不可以直接将其价值3万元的新摩托车开走,以作偿债。

(2) 民事权利的自力救济是指民事权利受到侵害时,权利人在法律规定的限度内,自己采取必要的措施保护其权利,包括自卫行为和自助行为。前者如紧急避险和正当防卫等,后者包括自助行为和救助行为等。救助行为又称"见义勇为"行为,因救助造成受助人损害,救助人可免责。

2. 民事义务的概念和类型

民事义务是与民事权利相对应的概念,民事权利的内容是利益,民事义务目的是为了确保权利人利益的实现。民事义务是指义务人为满足权利人的要求而为一定的行为或不为一定的行为的法律负担。[①]民事义务不履行,当事人可以直接向义务人请求履行,也可提起诉讼。民事权利体现为利益,民事义务则体现为不利益。对民事权利,当事人既可行使,也可抛弃;而对民事义务,因其有法律的强制力,义务人必须履行,如不履行,要承担由此而产生的民事责任。民事义务的类型如下:

(1) 法定义务与约定义务。以义务产生的原因分,义务可分为法定义务和约定义务。法定义务是直接由民法规范规定的义务,如对物权的不作为义务、对子女的抚养义务等。约定义务是按当事人意思确定的义务,如合同义务等,约定义务以不违反法律的强制性规定为界限,否则法律不予承认。张公平与魏荃泽签

---

① 参见王利明:《民法总则研究》(第3版),中国人民大学出版社2018年版,第462页。

完房屋买卖合同后，双方要完成合同约定的义务，对于物权的变动需要完成过户登记的法定义务。

(2) 基本义务与附随义务。在合同基本义务外，基于诚实信用原则还有附随义务，这是依债的发展情形所发生的义务，如通知义务、协助义务、照顾义务等。

四、民事法律关系的变动

【案例】 张公平大学毕业后与梁一思结婚登记，生育孩子小张，张公平受雇于甲公司，张公平向乙开发公司购买房屋，原定301室改为201室；张公平向丙银行贷款，并以房屋所有权设定抵押权于丙银行。张公平因车祸身亡，由妻及子继承其遗产。

【问题】 请列举上之法律关系如何变动的法律事实。

1. 民事法律事实的概念

民事法律事实简称法律事实，是符合民事规范，能够引起民事法律关系发生、变更、消灭的客观现象。例如，案例中张公平向乙开发公司购买房屋并取得房屋所有权包含以下若干法律事实：须有房屋存在、缔结房屋买卖合同、办理登记手续。以上法律要件中的法律事实若被当事人充分运用，那么房屋所有权移转的法律效果便发生。

民事法律关系的发生是指民事主体之间基于一定的民事法律事实，形成民事权利义务关系。例如，案例中张公平与梁一思结婚登记，两人形成夫妻关系；张公平与丙银行抵押担保关系的发生，需要当事人签订抵押合同，抵押登记等民事法律事实。

民事法律关系的变更是指因民事法律事实的出现而导致原

有的民事法律关系发生了变化。民事法律关系的变更包括民事法律关系的主体、内容和客体的变更。案例中张公平原定301室改为201室则发生债权关系内容和物权关系客体的变更。

民事法律关系的消灭是指基于一定的民事法律事实，原有的民事法律关系终结。张公平因车祸身亡，导致了与梁一思夫妻关系的结束，对于其个人财产所有的物权关系的消灭。

2. 民事法律事实的类型

法律事实的种类繁多，民法上根据事实是否与人的意志有关，将其分为事件和行为两大类。

(1) 事件是与人的意志无关的法律事实。事件本是自然现象，只是能引起民事法律关系的变动，才被列为法律事实，如人的死亡、地震等。而后者若将房屋震塌则导致所有权的消灭，事前若投保时，又使保险赔偿关系发生。案例中张公平因车祸身亡导致了继承关系的发生和夫妻关系的消灭。

(2) 行为是与人的意志有关的法律事实。按照行为人行为的"动"或"静"，行为可分为作为和不作为；按照行为是否合法，行为可分为合法行为(适法行为)和不法行为(包括违约行为、侵权行为等)；按照意志是否需明确对外作意思表示，行为可分为表意行为(即民事法律行为)和非表意行为(即事实行为)。

表意行为是行为人通过意思表示，旨在设立、变更或消灭民事法律关系的行为。民事法律行为属于表意行为，因行为人有通过行为达到民事法律关系产生、变更和消灭的效果意思。如案例中张公平的结婚、签订商品房买卖合同的行为。非表意行为是行为人主观上没有产生民事法律关系效果的意思表示，客观上引起法律效果发生的行为。如侵权行为，行为人主观上并没有效果意思，但客观上却违反法律导致赔偿的发生。

第四节　像法律人一样思维——民法方法论

一、思考法律问题的三段论

【案例】　魏荃泽经十月怀胎到某某医院通过剖宫产下一男婴汪腾飞，汪腾飞健康体硕，满面粉红，甚是可爱。护士小王在护理该男婴汪腾飞期间用手机拍了几张照片发到微信群里与好友分享。3个月后，魏荃泽在一家月嫂公司的网站上发现汪腾飞的照片和介绍，就告诉该月嫂公司未经父母同意就将自己孩子的照片和私人信息登载在网站上，这样是不对的，侵害了自己孩子的肖像权和隐私权，要求该公司将汪腾飞的照片从网站上撤下。该月嫂公司的经理张某某一听就极为恼火，大声回应魏荃泽说："一个刚出生的婴儿，有什么肖像权和隐私权？我们免费给你们登出来是在无偿给你的孩子进行宣传，扩大你孩子的知名度，好多人还求之不得呢，你真是不知好歹！"在魏荃泽一再询问月嫂公司是怎样得到自己孩子照片的情况下，张某某告知是从微信好友群里下载的，并告诉上传人是医院护士小王。之后，魏荃泽与小王取得联系，希望采取必要的措施催促月嫂公司等将上传网上和手机微信群里的汪腾飞照片撤下，并采取措施防止自己孩子的照片在微信群里和网上进一步扩散，否则，将采取法律手段维权。

【问题】　月嫂公司的经理张某某的观点有法律依据吗？你支持魏荃泽的法律主张吗？

自然人作为自出生起就具有民事权利能力的民事主体，依法享有生命权、身体权、健康权、姓名权、肖像权、名誉权、荣誉权、隐私权、个人信息保护权等人身权利。案例中,护士小王和月嫂公司未经婴儿汪腾飞的监护人魏荃泽及其丈夫同意,擅自将汪腾飞的照片向群友发送和登载网上,侵犯婴儿汪腾飞的肖像权和隐私权,魏荃泽及其丈夫有权要求小王和月嫂公司采取必要的措施将自己孩子照片和介绍从网上和群里撤下,并采取措施以防止自己孩子的照片在微信群里和网上进一步扩散和造成进一步的侵害。

法学方法论必然以三段论为基础而展开,因为当事人法律主张必然要以法律和事实两项要素为基础,这两项要素是通过三段论发生联系和互动的。法律正是利用三段论这个基本的推理工具来确定法律和事实的。三段论是从两个前提推得出一个结论的演绎论证。在形式逻辑上,三段论的推论形式为:大前提是 T,小前提是 S,如果 T 有法律效果 R,则当 S 与 T 相对应时,也能产生 R 的效果。以上用公式表示就是:

① $T \rightarrow R$(具备 T 的要件时,即适用 R 之法律效果)

② $S = T$(特定的案件事实 S 该当 T 的要件)

③ $S \rightarrow R$(特定的案件事实 S,适用 R 之法律效果)

三段论推理更为具体的描述

① $T = M^1 + M^2 + M^3 \rightarrow R$

② $S = M^1 + M^2 + M^3$

③ $S \rightarrow R$

以上三段论,如果运用到具体案件中,就是:法律法规或司法解释关于某种法律事实的规定以及该规定所对应的效果是大前提,本案案件事实是小前提,如果本案案件事实经过推理确定符合法律法规或司法解释关于某种法律事实的,则同样产生法律法规或司法解释关于某种法律事实对应的效果。案例中男婴汪腾飞具有民事权利能力，依法享有肖像权和隐私权等民事权利。推理如下：

大前提(法律依据)T→R：

自然人从出生时起到死亡时止，具有民事权利能力，依法享有民事权利，承担民事义务。(《民法总则》第13条)

自然人享有生命权、身体权、健康权、姓名权、肖像权、名誉权、荣誉权、隐私权、个人信息安全权、婚姻自主权等权利。(《民法总则》第110条)

小前提(法律事实)S=T：

男婴汪腾飞是自然人，刚出生。

法律结论S→R：

汪腾飞具有民事权利能力，依法享有肖像权和隐私权等民事权利。

二、寻找法律规范和解释

【案例】 董敏法要出国留学一年，好友甲特喜欢董敏法饲养多年的这只宠物狗，出国留学期间由好友甲照看，后宠物狗咬伤邻居小孩乙致其狂犬病发作死亡。

【问题】 邻居小孩乙的父母基于何种规范向谁主张权利？

结构完整的法律规范(完全规范)以假言命题表述，分构成要件和法律效果两部分，基本结构是“如果……那么……”格式的所谓“条件程式”，构成要件的内容包括规范对象与情景描述，法律效果则包括应然规制及被规制的行为模式。

寻找规范看起来是寻找某个适合于事实的规范，实则涉及全体法律制度。这就首先产生在哪里去找法源的问题。法源也可称作法的渊源或法的材料。2009 年最高人民法院《关于裁判文书引用法律、法规等规范性法律文件的规定》(法释〔2009〕14 号)也间接说明了法源顺序，其第 2 条规定：“并列引用多个规范性法律文件的，引用顺序如下：法律及法律解释、行政法规、地方性法规、自治条例或者单行条例、司法解释。同时引用两部以上法律的，应当先引用基本法律，后引用其他法律。”另外，据第 6 条，对于其他规范性文件，根据审理案件的需要，经审查认定为合法有效的，可以作为裁判说理的依据。图示如下：

案例中当事人可以检索到的法律依据主要有：《民法总则》第 110 条：“自然人享有生命权、健康权……权利”。《侵权责任法》第 78 条规定：“饲养的动物造成他人损害的，动物饲养人或者管理人应当承担侵权责任，但能够证明损害是因被侵权人故意或者重大过失造成的，可以不承担或者减轻责任。”根据《人身损害赔偿解释》第 17 条第 1 款规定：“受害人遭受人身损害，因就医治疗支出的各项费用以及因误工减少的收入，包括医疗费、误工费、护理费、交通费、住宿费、住院伙食补助费、必要的营养费，赔偿义务人应当予以赔偿。”《侵权责任法》第18条规定：“被侵权人死亡的，其近亲属有权请求侵权人承担侵权责任。”同时，《人身损害赔偿解释》第18条第1款规定：“受害人或者死者的近亲属遭受精神损害，赔偿权利人向人民法院请求赔偿精神损害抚慰金的，适用《最高人民法院关于确定民事侵权精神损害赔偿责任若干问题的解释》予以确定。”

本案中甲是实际的管理人，邻居小孩乙的父母向甲主张人身损害赔偿的权利，包括财产损害赔偿请求权和精神损害赔偿请求权。

三、确定法律事实

【案例】 张公平购买千科开发公司开发的某小区房屋一套，双方于2016年4月5日签订合同。千科开发公司于2018年4月1日交付房屋，2018年4月2日拿钥匙，2019年2月3日装修完毕住进新房，2019年6月3日办理过户登记手续。

【问题】 张公平何时取得房屋所有权？

三段论中的小前提就是指用于三段论推理的法律事实。我国法律所确认的“以事实为根据、以法律为准绳”是法律适用的基本原则，其中的“以事实为根据”就是要求法律适用活动首先确定“事实”这一三段论推理的“小前提”。

方法论中的小前提具有如下特点：

第一，方法论中的小前提是依据证明规则确定的事实。作为小前提的法律事实是一种依据证明规则确定的事实。只有遵循证据规则固定的事实，或者说经过了举证、质证等过程的事实，才是法律上认可的事实，也才能作为裁判的依据。

第二，方法论中的小前提是具有法律意义的案件事实。法律事实的识别就是指将生活事实上升为法律事实，运用法律概念和术语对生活事实予以界定，使其成为具有法律意义的事项。

案例中的事实有签订合同、交付房屋、拿钥匙、装修完毕住进新房，过户登记手续，但对于取得房屋所有权的法律事实是完成产权登记手续。

四、涵摄形成法律结论

【案例】 张公平因病住院，医生手术时误将一肾脏摘除。张公平向法院起诉，要求医院赔偿治疗费用和精神损害抚慰金。法院审理期间，张公平术后感染医治无效死亡。

【问题】 张公平继承人(父亲、妻子、女儿)有权请求医院赔偿哪些费用？能请求精神损害赔偿吗？

在法律判断形成的思维方式上，涵摄意指直接把某个案事实置于法律的事实构成之下，然后推出结论。具体来说，涵摄要经历对法律的事实构成进行分解、对个案事实进行分解、将个案事实归入法律的事实构成三步。先将法律的事实构成分解成 M1、M2、M3、M4 若干要件，再将个案事实分解成 a、b、c、d若干因素，若 a、b、c、d 可归入 M1、M2、M3、M4，便发生 R。

<table>
<tr><th colspan="3">大前提——民法规范</th></tr>
<tr><td rowspan="2">规范内容</td><td colspan="2">构成要件(M):加害人基于过错实施加害行为,并因此侵害受害人生命权。</td></tr>
<tr><td colspan="2">法律效果(R):赔偿义务人应当对赔偿权利人承担相应的财产损害赔偿和精神损害赔偿等侵权责任。</td></tr>
<tr><td rowspan="4">要件特征</td><td>①</td><td>M1=加害人对损害后果的发生具有过错(故意或者过失)。</td></tr>
<tr><td>②</td><td>M2=加害人实施了作为或者不作为的加害行为。</td></tr>
<tr><td>③</td><td>M3=受害人的生命权遭受侵害。</td></tr>
<tr><td>④</td><td>M4=加害行为与生命权遭受侵害之间具有因果关系。</td></tr>
<tr><td rowspan="2">法律效果</td><td>①</td><td>精神损害赔偿:依照《精神损害赔偿解释》的规定确定具体的赔偿数额。</td></tr>
<tr><td>②</td><td>财产损害赔偿:须赔偿死亡赔偿金、丧葬费、交通费、住宿费、误工损失等。</td></tr>
<tr><th colspan="3">小前提——案件事实</th></tr>
<tr><td rowspan="4">判断过程</td><td>①</td><td>a=M1:医院的医生对损害后果具有过错。</td></tr>
<tr><td>②</td><td>b=M2:医生实施了作为的加害行为(误将一肾脏摘除、术后感染)。</td></tr>
<tr><td>③</td><td>c=M3:受害人张公平死亡。</td></tr>
<tr><td>④</td><td>d=M4:加害行为与损害之间具有因果关系。</td></tr>
<tr><td>中间结论</td><td colspan="2">S=a+b+c+d=M1+M2+M3+M4:通过涵摄,上述特定案件事实该当于前述民法规范之构成要件一一对应,前述民法规范能够得到适用,发生前述民法规范所定的法律后果。</td></tr>
<tr><td>最终结论</td><td colspan="2">S→R
医院(赔偿义务人)须对赔偿权利人(张公平的父亲、妻子、女儿)承担精神损害赔偿和财产损害赔偿。</td></tr>
</table>

第二章　尊严人生与权利归属
——自然人制度

第一节　权利客体和权利体系
——民法的权利大厦

一、民法的权利本位

【案例】 2019 年 4 月 16 日晚，在央视等媒体见证下，奔驰公司、西安利之星汽车有限公司相关负责人与“奔驰车主维权事件”当事人王女士再次进行沟通。王女士和西安利之星奔驰 4S 店达成换车补偿等和解协议。双方和解协议的主要内容对应了王女士此前提出的 8 条诉求。和解协议主要内容包括：(1)更换同款的奔驰新车，但依旧是以贷款的方式购买；(2)对该车主此前支付的 1 万余元“金融服务费”全额退款；(3)奔驰方面主动提出，邀请该车主参观奔驰位于德国的工厂和流水线等，了解相关流程；(4)赠送该车主十年“一对一”的 VIP 服务；(5)为女车主补办生日(农历)，费用由对方全额支付。

【问题】 从和解协议中，可以看出西安利之星奔驰 4S 店对汽车买卖合同的买方王女士的哪些权利给予尊重?

民法的本位即民法的基本目的、基本作用、基本任务。①《民法总则》第3条规定,民事主体的人身权利、财产权利以及其他合法权益受法律保护,任何组织或者个人不得侵犯。

民法慈母般地守护着每个人的权益,民法以权利为本位,就是要确认和保障每个人的合法民事权利和利益。民法规范的制定和实施,本身就要求国家履行保护自由、保障平等、保持公正、保证法治的义务。爱国、敬业、诚信、友善作为个人的价值准则,则已内化于民法规范之中,民事主体的行为如不违背公序良俗、遵守约定、遵循诚信原则、不伤害他人,即在法律层面上符合爱国、敬业、诚信、友善的价值要求。②民法规范,是以授权性规范为主,有别于行政法和刑法。民法是保护权利体系而建造的法律大厦,权利就是大厦的根基。民事权利体系图如下:

《民法总则》采纳《民法通则》的经验,专设"民事权利"一章,广泛确认自然人享有的各项人格权、物权、债权、知识产权、亲属权、继承权等权利,使其真正成为"民事权利的宣言书"。首先是人格权,如生命权、身体权、健康权、名誉权、隐私权等,其次是身份权和财产权。这些权利是民法上最重要的民事权利,由民法加以规定和保护。尤其是人格权,是人之享有其他权利(如其他民事权利和政治权利)的前提和基础,没有人格权,甚至不能称之为人!③

---

① 参见梁慧星:《民法总论》(第5版),法律出版社2017年版,第40页。

② 参见李宇:《民法总则要义:规范释论与判解集注》,法律出版社2017年版,第15页。

③ 参见陈华彬:《民法总则》,中国政法大学出版社2017年版,第39页。

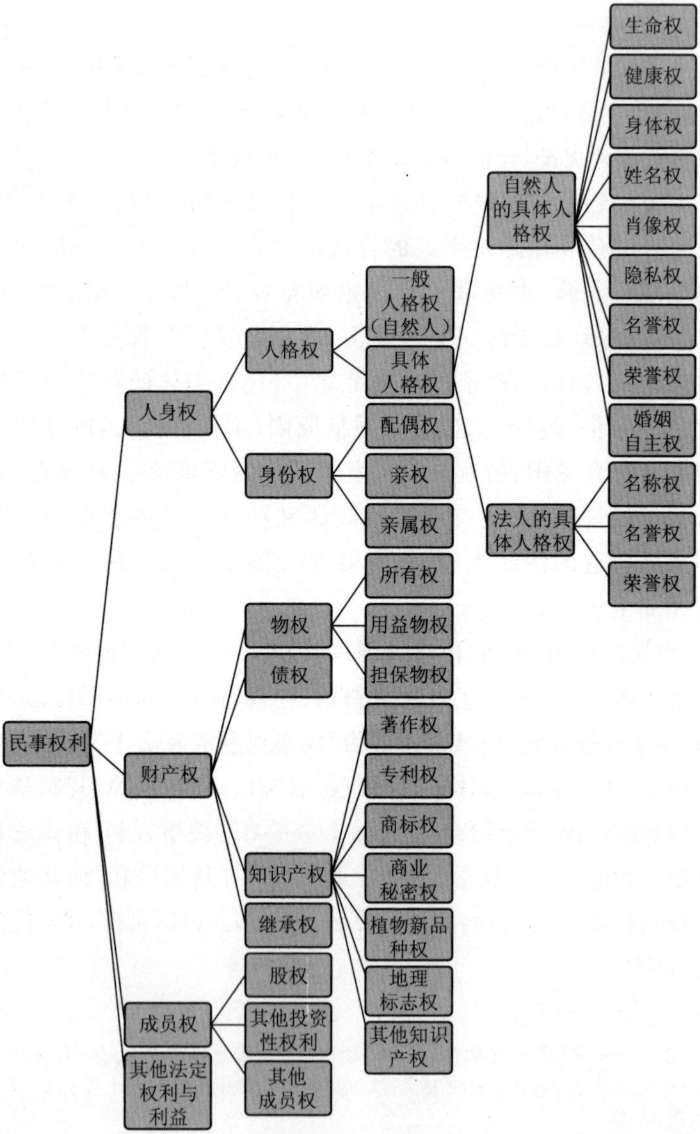
民事权利
人身权
人格权
一般人格权（自然人）
具体人格权
自然人的具体人格权
生命权
健康权
身体权
姓名权
肖像权
隐私权
名誉权
荣誉权
婚姻自主权
法人的具体人格权
名称权
名誉权
荣誉权
身份权
配偶权
亲权
亲属权
财产权
物权
所有权
用益物权
担保物权
债权
知识产权
著作权
专利权
商标权
商业秘密权
植物新品种权
地理标志权
其他知识产权
继承权
成员权
股权
其他投资性权利
其他成员权
其他法定权利与利益

《民法总则》系统、全面地规定了民事主体所享有的各项人身、财产权益，体现了当代中国的时代特征，回应了人民追求美好生活，实现人生尊严的现实需求。例如，该法首次正式确认隐私权，有利于强化对隐私的保护。

还应当看到，民法不仅保护权利，还保护法益。这不仅与保护民事权益的基本原则相对应，而且为将来新型民事权益的保护预留了空间，保持了私权保护的开放性。作为私人生活的基础性法律，民法的保护范围会随着私人生活的发展变化而发展。一方面，权利的类型逐渐增多。例如，《民法总则》第111条规定了自然人的个人信息权，第127条规定了数据、网络虚拟财产权。另一方面，传统民事权益的保护手段、领域扩张。例如，著作权的保护领域扩展至互联网，产生了网络信息传播权。

保障私权就是为了更好地保障最广大群众的根本利益，保护人民群众对美好生活的向往。权利表现为行为的自由，权利人行使权利是其依法享有的自由，但自由止于他人的权利，行使权利不得妨害他人的权利，所以我国民法确认了诚实信用、公序良俗等法律原则，对权利进行必要的限制。

从权利救济的角度来看，无救济则无权利，通过民法的方法提供司法救济，是确认权利的重要手段。《民法总则》不仅对各项民事主体的各项权利实行平等的保护，而且通过民事责任制度维护个人的人格尊严、价值以及生活的安定；当自然人、法人所享有的各项民事权利受到侵害时，受害人均可借助法律责任制度法获得救济。

案例中奔驰公司（制造商）、西安利之星奔驰4S店（销售商）迫于舆论的压力，首先放下了大公司的傲慢，承认买方的合同主体地位，与买方进行平等协商，是对民法平等、自愿原则的尊重；其次是对于合同债权的一个尊重，达成一个和解协议。第三是对买方财产(已付车款和银行贷款债权)的尊重,同意更换同款的奔驰新车,并全额退还在不知情情况下收取的1万余元"金融服务费";最后,对买方一般人格权的尊重,协议(3)至(5)可以看作是对王女士在维权过程中遇到的所有推诿和无理造成精神损害的一个补偿。

二、人格权与身份权

【案例】 著名作家魏荃泽委托甲公司为其拍摄一套艺术照。不久,魏荃泽发现乙网站有其多张半裸照片,受到众人嘲讽和指责。经查,甲公司未经魏荃泽同意将其照片上传到公司网站做宣传,邻居丙男下载后将魏荃泽头部移植至她人半裸照片,并将魏荃泽的姓名、身份证号码、家庭住址等信息上传到乙网站。魏荃泽找到丙男论理,还被他打伤住院多天。

有网民对其发动"人肉搜索",在相关网站首次披露魏荃泽的曾用名、儿时相片、家庭背景、恋爱史等信息,并有人在网站上捏造魏荃泽曾与某明星有染的情节。

【问题】 本案中,甲公司和丙男、网民侵犯了魏荃泽什么权利?

1. 人格权

民事主体享有广泛的人格权。《民法总则》第109条规定,自然人的人身自由、人格尊严受法律保护。《民法总则》第110条、第111条规定,自然人享有生命权、身体权、健康权、姓名权、肖像权、名誉权、荣誉权、隐私权、个人信息安全权、婚姻自主权等权利。法人、非法人组织享有名称权、名誉权、荣誉权等权利。《民法总则》第 112 条规定，自然人因婚姻、家庭关系等产生的人身权利受法律保护。

人格权是作为民事主体必备的、以人格利益为内容，并为法律所承认和保护的民事权利。自然人的人格权分为一般人格权和具体人格权。

一般人格权是指自然人享有的，包括人身自由和人格尊严等内容的一般人格利益。这是《宪法》规定的国家尊重和保障人权原则在民法中的具体体现。人身自由权是指民法意义的人身自由，即自然人享有的居住自由、迁徙自由与就业自由；有从事创作、发明创造和提升自己人格发展的自由；有依法行使人身权的自由。自然人的人身自由不容非法剥夺和限制，并允许人们遵循法无禁止即可为的自由原则从事民事活动，当然，违背公序良俗者除外。在客观意义上，尊严被理解为所有的人类社会成员都必须享有的、要求获得他人最低限度尊重的权利；在这个意义上，社会成员所一致公认和接受的、对作为主体的人所应获得的起码的尊重，是客观尊严的标准。[①]人格尊严权意味着不得将人工具化、动物化，不得将人只是当作手段，不得将人当作奴役的工具和奴隶，不得任意践踏人类的道德、正义情感和进行这样或那样的严重冒犯他人人格的行为。

根据《民法总则》第 110 条规定，自然人享有的具体人格权包括生命权、身体权、健康权、姓名权、肖像权、名誉权、荣誉权、隐私权、婚姻自主权等权利。法人、非法人组织享有名称权、名誉权、荣誉权等权利。

（1）生命权，是自然人享有的以生命维持和生命安全为内容

---

① 参见王利明：《中华人民共和国民法总则详解》，中国法制出版社 2017 年版，第 447 页。

的权利。生命权是人格利益的集中代表和体现，是最基本的人格权。

（2）身体权，是指自然人对其肢体、器官和其他组织的完整依法享有的权利。身体权不同于健康权，当他人侵害自然人身体导致自然人的组织和功能不正常时，侵害的是自然人的健康权，而非身体权。当他人侵害自然人的身体但未影响其组织机能时，如甲女视其长发如生命，被情敌乙尽数剪去，则构成侵犯身体权。

（3）健康权，是自然人享有的以保持其身体和精神状况良好为内容的人格权。

（4）姓名权，是自然人依法享有的决定、使用和变更自己的姓名并要求他人尊重自己姓名的一种人格权利。法律保护自然人姓名权，冒用、盗用他人姓名的行为应当依法承担法律责任。

（5）名称权，是法人或非法人组织依法享有的名称使用权、名称转让权和其名称被冒用、盗用时的获得救济的权利。法律保护法人或非法人组织对其名称享有专有权，冒用、盗用法人或非法人组织名称的行为应当依法承担法律责任。

（6）肖像权，是指自然人享有的通过某种形式再现自己的形象和禁止他人使用自己肖像的权利。自然人拥有制作自己肖像的专有权，他人不得干涉；自然人有权依法使用自己的肖像并通过肖像的利用取得精神上的满足和财产上的利益；自然人有权禁止他人恶意非法毁损、玷污和丑化自己的肖像。案例中甲公司和丙男侵犯了魏荃泽的肖像权。

（7）名誉权，是自然人、法人或非法人组织都享有的公正评价和保有、维护这种评价的一种人格权利。法律禁止对自然人、法人或非法人组织的名誉进行污损、侮辱和诽谤。案例中丙男、网民侵犯了魏荃泽的名誉权。

(8) 荣誉权，是自然人、法人或非法人组织对国家、社会团体或者其他社会组织包括国际组织等授予的荣誉享有的保有权和使用支配权。

(9) 隐私权是指个人就其私生活非属于公共空间的私人空间的私密性、私生活的安宁享有免受他人侵入和打扰的权利。①案例中网民还侵犯了魏荃泽的隐私权。

(10) 婚姻自主权，是指达到结婚年龄且依法具有结婚能力的自然人享有的婚姻自主权，包括结婚、离婚自主权。自然人享有自主决定其婚姻的缔结与解除的权利，他人无权干涉。

(11) 个人信息保护权，指自然人的个人信息受法律保护的权利。任何组织和个人需要获取他人个人信息的，应当依法取得并确保信息安全，不得非法收集、使用、加工、传输他人个人信息，不得非法买卖、提供或者公开他人个人信息。个人信息，是指以电子或者其他方式记录的能够单独或者与其他信息结合识别自然人个人身份的各种信息，包括但不限于自然人的姓名、出生日期、身份证件号码、个人生物识别信息、住址、电话号码等。案例中丙男侵犯了魏荃泽的个人信息保护权。

2. 身份权

身份权是指自然人因婚姻、家庭关系等产生的人身权利，包括配偶权、亲权和亲属权。

配偶权是指男女双方因登记结婚即结为夫妻而相互享有的身份权，即夫妻互为配偶的身份权，这主要包括以下内容：(1)姓名权，即夫妻都有各用自己姓名的权利。(2)同居权，即夫妻共同生活的权利，包括性生活的权利。相互尽到忠诚义务，彼此尊重。

---

① 参见王利明：《中华人民共和国民法总则详解》，中国法制出版社2017年版，第450页。

(3)夫妻人身自由权,夫妻双方都有参加生产、工作、学习和社会活动的自由,一方不得对他方加以限制或干涉。(4)夫妻相互扶养义务,即一方不履行扶养义务时,需要扶养的一方,有要求对方付给扶养费的权利。(5)家事相互代理权以及对共同财产拥有共同所有权、管理权、用益处分权。

亲权是指父母基于其父母身份对未成年人子女享有的身份权,我国《婚姻法》没有采用亲权的概念,但规定了亲权的相应内容,即父母对子女有抚养教育的义务,父母不履行抚养义务时,未成年的或不能独立生活的子女有要求父母付给抚养费的权利。抚养费,包括子女生活费、教育费、医疗费等费用。父母有保护和教育未成年子女的权利和义务。此外,对于未成年子女的财产,父母有管理和保护的义务。

亲属权是指除夫妻间的配偶身份权、父母与未成年子女间的身份权即亲权之外的亲属身份权,即父母与成年子女、夫或妻与其兄弟姐妹、祖父母、外祖父母之间的身份权。

三、物权与债权

【案例】 张公平与甲房地产开发公司签订了购买合同,合同约定:张公平首付50%的购房款,余款两个月内付清。合同签订后张公平及时交给了首付款。谁知,董敏法也看中了这套房子,但他并不知道甲房地产公司与张公平的购房情况,便以更高的价钱与房地产公司办理了购房合同,并很快办好了不动产权证。

【问题】 那么,这套房子到底归谁所有呢?董敏法对甲房地产公司有什么权利呢?

1. 物权

民事主体享有广泛的财产权。《民法总则》第 113 条规定，民事主体的财产权利受法律平等保护。《民法总则》第 114 条规定，民事主体依法享有物权。物权是权利人依法对特定的物享有直接支配和排他的权利，包括所有权、用益物权和担保物权。《民法总则》第 117 条规定，为了公共利益的需要，依照法律规定的权限和程序征收、征用不动产或者动产的，应当给予公平、合理的补偿。

物权是权利人依法对特定的物享有直接支配和排他的权利。据此，物权具有以下特点：一是物权的客体是特定物，一个物权尤其是所有权不能存在于两个物之上，即一物一权原则。二是物权是一种支配权，以直接支配物为内容，且物权人可以自己的意思享有物权。三是物权具有排他性，物权为物权人所独享，其他人既无权分享也无权干涉。

根据《民法总则》第 114 条第 2 款规定，物权包括所有权、用益物权和担保物权。所有权是指物权人即权利人依法对自己的物享有占有、使用、收益和处分的权利。所有权是权利人对物的使用价值和交换价值完全支配的权利，因此被称为完全物权。所有权人有权排除其他任何人对其物的占有、使用和支配。

用益物权是指权利人依法对物享有占有、使用和收益的权利，它是以支配物的使用价值为内容的物权。建设用地使用权、土地承包经营权、宅基地使用权和地役权是我国《物权法》规定的几种最为典型的用益物权。担保物权，是指债权人为确保债权的实现，在债务人或第三人所有的物或权利上设定的，在债务人不履行到期债务或者发生当事人约定的实现担保物权的情形时，依法享有就担保财产变价优先受偿的权利。担保物权主要包括抵押权、质权和留置权。案例中因董敏法办理了不动产权证书，取得了该房屋的所有权和国有建设用地使用权。

2. 债权

《民法总则》第118条规定，民事主体依法享有债权。债权是因合同、侵权行为、无因管理、不当得利以及法律的其他规定，权利人请求特定义务人为或者不为一定行为的权利。《民法总则》第119条规定，依法成立的合同，对当事人具有法律约束力。据此，债权是特定当事人之间的权利人请求义务人为一定行为或者不为一定行为的权利。享有权利的一方为债权人，负有义务的一方为债务人。

债权是一种请求权，即权利人请求义务人为一定行为或者不为一定行为，而不像物权那样属于支配权。如买卖合同当事人之间，作为权利人的出卖人有权要求作为义务人的买受人按约定期限支付价款，不得迟延付款；而作为权利人的买受人有权要求作为义务人的出卖人按约定期限交付标的物和转移标的物的所有权，不得迟延交付标的物。除了违约之债外，侵权之债也同样属于请求权。如违背法律规定将被侵权人打伤，被侵权人有权要求其承担损害赔偿责任。

债权具有相对性，即债权是特定当事人之间发生的债权债务关系。也就是说，债权是特定债权人和特定债务人之间发生的权利义务关系。如双方合同的当事人是互为债权人和债务人的关系，一方对另一方享有权利的同时又负有义务。在侵权关系中被侵权人和侵权人是特定当事人，被侵权人是债权人，其有权要求侵权人承担损害赔偿责任。在无因管理关系中，无因管理人是债权人而被管理人是债务人。在不当得利关系中，不当得利人是债务人，而不当得利的受害人则为债权人。

根据《民法总则》第118条规定，债权分为合同之债、侵权之债、无因管理之债和不当得利之债。

四、知识产权、继承权、股权和其他权益

【案例】 张公平是一个作家，已有多部小说出版，平时他还喜欢创造，有国家发明专利多项。2018 年张父去世，留下房屋 2 套，他是唯一继承人。他投资 1 000 万元给甲房地产开发有限公司，每年都有 100 万元左右的分红。他还是一个网红的游戏玩家，拥有价值千万元的游戏装备。

【问题】 张公平有哪些民法保护的权利？

1. 知识产权

根据《民法总则》第 123 条规定，民事主体依法享有知识产权。知识产权是权利人依法就下列客体享有的专有的权利：作品，发明、实用新型、外观设计，商标，地理标志，商业秘密，集成电路布图设计，植物新品种，法律规定的其他客体。《民法总则》第 123 条第 1 款规定，民事主体依法享有知识产权。案例中张公平拥有著作权和专利权。

知识产权的客体，以著作权为例，作品即著作权的客体，是指文学、艺术和科学领域内具有独创性并能以某种有形形式复制的智力成果。我国《著作权法》所称的作品，包括以下列形式创作的文学、艺术和自然科学、社会科学、工程技术等作品，如文字作品，口述作品，音乐、戏剧、曲艺、舞蹈、杂技艺术作品，美术、建筑作品，摄影作品，电影作品和以类似摄制电影的方法创作的作品，图形作品和模型作品。计算机软件，包括程序和文档。法律、行政法规规定的其他作品。

2. 继承权

《民法总则》第 124 条规定，自然人依法享有继承权。自然人

合法的私有财产，可以依法继承。案例中张公平拥有继承权。

继承权是指自然人依法享有的继承他人合法财产的权利。根据《继承法》的规定，继承分为法定继承和遗嘱继承，此外，被继承人还可以通过遗赠扶养协议来处理自己的遗产。法定继承，是指继承开始后，按照法律规定的继承顺序确定继承人，并按照法律确定的继承原则确定继承人的继承份额。遗嘱继承，是指根据自然人生前所立遗嘱确定继承人及其所继承的财产份额。遗赠扶养协议，是受扶养人和扶养人之间关于扶养人承担受扶养人的生养死葬的义务，受扶养人将财产遗赠给扶养人的协议。继承开始后，按照法定继承办理；有遗嘱的，按照遗嘱继承或者遗赠办理；有遗赠扶养协议的，按照协议办理。

3. 股权和其他投资性权利

《民法总则》第125条规定，民事主体依法享有股权和其他投资性权利。股权，是指民事主体因出资或者缴纳股款、认购股份等在依法登记设立的有限责任公司或者股份有限公司中取得股东地位并因此所依法享有的资产收益、参与重大决策和选择管理者等权利。股权是一种基于股东身份而享有的权利，它不仅包括股东享有资产收益权、利润分配权及股份转让权，而且享有参加股东会或股东大会权，依法行使表决权，参与公司重大决策和选择公司管理者的权利。其他投资性权利是指民事主体作为投资主体进行各类商业性投资的权利（如作为合伙人设立合伙企业，自然人作为投资人设立个人独资企业）以及进行财产信托投资和进行基金投资等权利。案例中张公平拥有股权。

4. 其他民事权利和利益

《民法总则》第126条明确规定，民事主体享有法律规定的其他民事权利和利益。《民法总则》第127条规定，法律对数据、网络虚拟财产的保护有规定的，依照其规定。《民法总则》第128条规定，法律对未成年人、老年人、残疾人、妇女、消费者等的民事权利保护有特别规定的，依照其规定。

《民法总则》对民事主体依法享有的各类民事权利作了宣示性规定，这些规定无法囊括民事主体依法享有的全部民事权利和利益。

21世纪是互联网、大数据时代，数据和网络虚拟财产在现实中发挥着不可替代的作用。数据，是指用于表示、描述和记载客观事物内在和外在构成的原始素材，可以是符号、文字、数字、语音、图像、视频等。在大数据时代，通过网络收集、存储、传输、处理和产生的各种电子数据是信息加工和技术创造以及企业经营决策的基本依据。

网络虚拟财产，是指在网络环境下以电子数字化形式存在的且为人力所支配和控制的具有财产属性的网络资源，如注册用户的网络游戏账号与电子装备、虚拟货币、网络店铺、电子邮箱等。网络虚拟财产是借助于电脑、手机等现代网络手段，实现民事主体的利益需求以及在一定程度上能够进行网络交易的财产性权利。案例中张公平拥有网络虚拟财产权。

第二节　行使权利和履行义务
——民事权利能力和民事行为能力

一、民事权利能力的概念与特点

【案例】 94岁的老人魏荃泽去世。她在全国拥有多处别墅，还有多个存有巨款的银行账户。她没有亲人，她在2018年10月写下的遗嘱中交代，死后把名下财产留给保姆王韵和宠物唯诺。唯诺是一只黑色雄性小猫，曾在街上流浪，后来被热爱小动物的魏荃泽收留，王韵是一名菲佣，深受主人的信任，保姆和猫陪伴她度过了人生的最后几年。

【问题】 王韵和唯诺是否可以继承魏荃泽的大笔财产？

1. 概念

作为民事主体的自然人，是指与法人相对的依自然规律产生的具有生命的人类个体，包括试管婴儿等人工授精产生的具有生命的人类个体。自然人的民事权利能力是指自然人作为民事主体的资格，即依法享有民事权利，承担民事义务的资格。民事权利能力是自然人取得民事权利的前提。案例中王韵可以继承魏荃泽的大笔财产，因为她有民事权利能力。唯诺不可以，因为它是动物，没有民事权利能力，没有资格享有继承财产的权利。

2. 特征

根据《民法总则》的规定，自然人具有以下法律特征：

(1) 自然人具有民事权利能力而成为民事主体。自然人具有民事权利能力是法律赋予的自然人作为民事主体的根本特征。自然人依法享有民事权利的同时，也依法承担民事义务，体现了自然人作为民事主体的权利和义务的统一。

(2) 自然人的民事权利能力一律平等。作为民事主体自然人的法律地位一律平等，不论其民族、性别、年龄、家庭背景、所受教育和文化程度，宗教信仰、财产等状况如何，都具有民事权利能力即作为民事主体的资格。自然人的民事权利能力与生俱存，不能剥夺，不能放弃，不能转让。

二、民事权利能力的开始与终止

【案例】 张公平与梁一思结婚，婚后至海南岛蜜月旅行，期间因甲驾驶车辆不慎撞击张公平,导致其伤重不治死亡,张公平死亡时,梁一思怀有胎儿乙。

【问题】 试问胎儿乙有无继承张公平遗产以及向甲主张损害赔偿的权利?

1. 自然人的民事权利能力自出生时开始

自然人的出生时间与死亡时间是自然人作为民事主体具有民事权利能力的起止时间,也就是自然人作为民事主体依法享有民事权利和承担民事义务的起止时间。

根据《民法总则》第 13 条的规定,自然人的民事权利能力应自出生时开始。

何谓出生?出生在性质上属于民事法律事实中的事件。出生应当具备:第一,必须与母体相分离。第二,出生时必须为活体。即使只有片刻的生命,也应当肯定其具有民事权利能力。医学上通常以胎儿出生时有呼吸行为作为生存的证明。依据《民法总则》第 15 条的规定,自然人出生时间一般以出生证明记载的时间为准,如果没有出生证明,或者出生证明没有详细记载自然人出生时间的,则应以户籍登记或者其他有效身份登记记载的时间(如个人居民身份证件记载的时间)为准。

2. 自然人的权利能力因死亡而终止

根据《民法总则》第 13 条的规定,自然人的权利能力因死亡而终止。也就是说,死亡之后,自然人不能再作为民事主体享有民事权利、承担民事义务。

死亡是一种自然事件,也是引起法律关系变动的重要的法律事实,与民事权利能力的终止联系在一起。死亡包括生理死亡和宣告死亡。生理死亡也称为自然死亡,是指自然人生命的自然终结。自然人死亡以后应当由医院和有关部门开具死亡证明书,根据《民法总则》第15条的规定，自然死亡的时间一般应以死亡证明书上记载的时间为准；如果没有死亡证明书，则以户籍登记或者其他有效身份登记记载的时间为自然人的生理死亡时间。

因此，确定自然人的出生时间和死亡时间具有重要的法律意义，这在继承法上表现得尤为突出。《继承法》第2条规定，继承从被继承人死亡时开始。《最高人民法院关于贯彻执行〈中华人民共和国继承法〉若干问题的意见》第2条规定，相互有继承关系的几个人在同一事件中死亡，如不能确定死亡先后时间的，推定没有继承人的人先死亡。死亡人各自都有继承人的，如几个死亡人辈分不同，推定长辈先死亡；几个死亡人辈分相同，推定同时死亡，彼此不发生继承，由他们各自的继承人分别继承。此外，在因人身损害导致的死亡损害赔偿案件中，死亡时间也是权利人知道或者应当知道权利受到损害计算起始时间，这直接关系着能否断定当事人的诉讼请求是否超过诉讼时效期间。超过诉讼时效期间的，债务人享有履行抗辩权。

3. 胎儿利益的保护

《民法总则》第13条规定："自然人从出生时起到死亡时止，具有民事权利能力，依法享有民事权利，承担民事义务。"根据该规定，自然人在出生之前和死亡之后均不享有民事权利能力，不能成为权利享有者。但为了更好地保护自然人的权利，有时需要对胎儿利益予以保护。《民法总则》第16条规定："涉及遗产继承、接受赠与等胎儿利益保护的，胎儿视为具有民事权利能力。但是胎儿娩出时为死体的，其民事权利视为自始不存在。"

具体来讲，涉及胎儿的利益保护主要有以下几个方面。(1)胎儿依法享有继承权。胎儿像自然人一样在法定继承发生后，享有按照法定继承顺序和财产继承分配原则继承遗产的权利。(2)接受赠与的权利。胎儿像自然人一样依法享有接受赠与的权利，胎儿出生后这些受赠与财产应当归其所有，他人无权剥夺。

除了上述《民法总则》第16条列举的涉及以上两种胎儿的利益保护外，涉及其他胎儿利益保护的，如胎儿人身损害赔偿请求权等，胎儿同样视为具有民事权利能力。胎儿利益受法律保护，任何组织或个人均不得损害。如果胎儿利益受其他组织或者个人损害，如果胎儿娩出时存活，胎儿的父母有权代其主张权利。

案例中张公平伤重不治死亡时乙虽未出生，但因涉及其利益保护，视为其已具有权利能力，有权继承遗产并向甲主张赔偿。

4. 死者名誉保护

自然人死亡后，丧失民事权利能力，不再属于民事主体，不能享有民事权利、承担民事义务。死者虽不享有民事权利，不存在民事权利保护的问题，但死者的遗物、遗骨、姓名、名誉、荣誉等仍为其近亲属权益之客体，仍应受到法律保护。如果死者的遗物、遗骨、姓名、名誉、荣誉等受到其他组织或个人的损害，其近亲属有权主张权利，请求救济，如果损害公共利益的，应允许通过公益诉讼予以保护。

三、民事行为能力的概念与意义

【案例】　董敏法17岁，是明星乙的粉丝，他以个人积蓄1 000元在慈善拍卖会拍得明星乙表演用过的道具，市价约100元。事后，董敏法觉得道具价值与其价格很不相称，颇为后悔。

【问题】　董敏法有参加拍卖合同的民事行为能力吗？

1. 概念

自然人的民事行为能力，是指自然人能够以自己的行为行使民事权利和设定民事义务，并且能够对于自己的行为承担民事责任。在民法中，行为能力越是欠缺，行为的自由度就越是受到限制，管制色彩亦越是浓厚。完全行为能力则意味着具有完全的理性，具有独立承担自己一切行为后果的能力。①

2. 意义

民法之所以要设立民事行为能力制度，其根本原因是为了保护无民事行为能力人和限制民事行为能力人的利益。民事行为能力其实就是民事主体独立地进行民事活动的能力，行为人欠缺民事行为能力，就意味着他不具备独立从事民事活动的能力，如果贸然从事民事活动，该行为人在交易中就非常容易受到损害。所以，法律限制这部分人独立从事交易活动，从而保护这些不具有民事行为能力或者民事行为能力受限制的人的利益。案例中的董敏法年龄为 17 岁，虽然属于限制行为能力人，但其花费 1 000 元拍得乙表演用过的道具的合同与其年龄、智力、精神健康状况是相适应的，因而该合同有效。

四、民事行为能力的划分

【案例】 梁一思是一个音乐天才，拥有大批粉丝，16 岁便不再上学，以演出收入为主要生活来源。梁一思成长过程中，多有长辈馈赠：6 岁时受赠口琴 1 个，10 岁时受赠钢琴 1 架，15 岁时受赠名贵小提琴 1 把。

【问题】 梁一思 16 岁后能自食其力，是完全民事行为能力人吗？6 岁时受赠口琴 1 个、10 岁时受赠钢琴 1 架，15 岁时受赠名贵小提琴 1 把分别有法律效力吗？

---

① 朱庆育：《民法总论》（第 2 版），北京大学出版社 2016 年版，第 380 页。

1. 完全民事行为能力

所谓完全民事行为能力，是指自然人能以其自己的行为独立享有民事权利，承担民事义务的资格。《民法总则》第 17 条规定：“十八周岁以上的自然人为成年人。不满十八周岁的自然人为未成年人。”《民法总则》第 18 条第 1 款规定：“成年人为完全民事行为能力人，可以独立实施民事法律行为。”对 18 周岁以上的自然人而言，其已经成年，对外界各种情况已经有了自己独立的判断能力，可以独立实施各种民事法律行为。

《民法总则》第 18 条第 2 款规定：“十六周岁以上的未成年人，以自己的劳动收入为主要生活来源的，视为完全民事行为能力人。”《劳动法》第 15 条规定，16 周岁以上的自然人就享有劳动权。16 周岁以上的自然人能够参加劳动，劳动收入能够维持其生活，不需要借助其他人的经济上的资助，能维持当地群众的一般生活水平，视为完全民事行为能力人。案例中梁一思尽管不满 18 周岁，但因其有固定月收入，且能够维持当地一般生活水平，因此其应视为完全民事行为能力人。

2. 限制民事行为能力人

限制民事行为能力，是指自然人在一定范围内具有民事行为能力。根据《民法总则》的规定，限制民事行为能力人有两种：

(1) 8 周岁以上的未成年人，《民法总则》第 19 条规定：“八周岁以上的未成年人为限制民事行为能力人，实施民事法律行为由其法定代理人代理或者经其法定代理人同意、追认，但是可以独立实施纯获利益的民事法律行为或者与其年龄、智力相适应的民事法律行为。”由此可见，案例中梁一思 10 岁时受赠钢琴 1 架，15 岁时受赠名贵小提琴具有民事行为能力。

(2) 不能完全辨认自己行为的成年人。一些成年人(如精神病人)也可能因精神、智力障碍而不能完全辨认自己行为的内容与法律后果，不能独立实施一些民事活动，其也应当属于限制民事行为能力人。对此，《民法总则》第 22 条规定："不能完全辨认自己行为的成年人为限制民事行为能力人，实施民事法律行为由其法定代理人代理或者经其法定代理人同意、追认，但是可以独立实施纯获利益的民事法律行为或者与其智力、精神健康状况相适应的民事法律行为。"如一个不能完全辨认自己行为的精神病人乘坐公交等与其生活密切相关的活动，其能够独立实施，无需其法定代理人代理。

限制民事行为能力人依法不能独立实施的民事法律行为，则应当由其法定代理人代理实施。根据《民法总则》第 23 条规定，限制民事行为能力人的监护人为其法定代理人，限制民事行为能力人依法不能独立实施的民事法律行为，应当由其监护人代理实施，否则应当属于效力待定的民事法律行为。

依据《民法总则》第 19 条、第 22 条的规定，在经法定代理人允许的情形下，限制民事行为能力人可以独立实施各类民事法律行为。法定代理人的允许既可以是事先的同意，也可以是事后的追认。

3. 无民事行为能力

所谓无民事行为能力，是指自然人无独立从事民事活动的资格。在我国，无民事行为能力人包括以下两类：

(1) 不满 8 周岁的未成年人，对此，《民法总则》第 20 条规定："不满八周岁的未成年人为无民事行为能力人，由其法定代理人代理实施民事法律行为。"

(2) 不能辨认自己行为的人。对此，《民法总则》第 21 条第 1 款规定："不能辨认自己行为的成年人为无民事行为能力人，由其法定代理人代理实施民事法律行为。"依据该条规定，如果成年人因为智力、精神状况等原因而无法辨认自己的行为，则应当属于无民事行为能力人。《民法总则》第 21 条第 2 款规定，八周岁以上的未成年人不能辨认自己行为的，适用前款规定。”年满 8 周岁的未成年人属于限制民事行为能力人，但如果其不能辨认自己的行为，则也应当属于无民事行为能力人。

依据《民法总则》第 20 条、第 21 条的规定，对无民事行为能力人而言，其不能独立实施任何民事法律行为，而必须由其法定代理人代理实施。但根据《民法通则意见》第 6 条的规定，“无民事行为能力人、限制民事行为能力人接受奖励、赠与、报酬，他人不得以行为人无民事行为能力、限制民事行为能力为由，主张以上行为无效”。在特殊情形下，无民事行为能力人可以实施如下两类行为：一类是纯获利益的行为，如接受赠与、奖励等。由此可见，案例中梁一思 6 岁接受赠与的行为是有效的。另一类是日常生活必需的细小的行为，如购买零食、玩具。如果这些行为所涉金钱数额不大，且与其年龄和智力相符合的，其可以实施。

第三节　对于无民事行为能力和限制行为能力人的保护——监护制度

一、监护的概念与功能

【案例】　梁一思在丈夫去世后，准备带 3 岁的孩子乙改嫁，乙的爷爷不同意，要求法院确定自己为乙的法定监护人。

【问题】　乙的爷爷诉求，法院会支持吗？

1. 概念

监护是指民法上所规定的对于无民事行为能力人和限制民事行为能力人的人身、财产及其他合法权益进行监督、保护的一项制度。[1]依法设立的保护人是监护人，接受保护人保护的人是被监护人。根据《民法总则》第26条规定，父母和子女之间相互所负有的监护义务是指父母对未成年子女负有抚养、教育和保护的义务；成年子女对丧失或部分丧失民事行为能力的父母负有赡养、扶助和保护的义务。

依据《民法总则》第27条第2款的规定，未成年人的父母已经死亡或者没有监护能力的，由下列有监护能力的人按顺序担任监护人：(一)祖父母、外祖父母；(二)兄、姐；(三)其他愿意担任监护人的个人或者组织，但是须经未成年人住所地的居民委员会、村民委员会或者民政部门同意。只有在没有前一顺序的人或前一顺序的人没有监护能力的，才有后顺序的人做监护人的可能。案例中乙的母亲梁一思还在，乙的爷爷无权要求法院确定自己为乙的法定监护人。

2. 功能

监护从其本质上讲，就是对缺乏行为能力人的监督、照顾和辅助制度。设置监护的目的，是保护未成年人及丧失或者部分丧失民事行为能力的成年人的合法权益，防止被监护人的合法权益受到非法侵害，保障被监护人的正常生活。其具体内容包括：监护被监护人的人身，管理被监护人的财产，代理被监护人进行民事活动，承担被监护人致人损害的民事法律后果等。[2]

二、监护的分类与设定

【案例】 张公平与其妻婚后不育，依法收养了孤儿小翠。不

① 参见佟柔主编：《中国民法》，法律出版社1990年版，第75页。

② 佟柔主编：《民法原理》，法律出版社1983年版，第46页。

久后张公平与妻子离婚，小翠由张公平抚养。现张公平身患重病，为自己和幼女小翠的未来担忧，欲作相应安排。

【问题】 张公平是否可以通过遗嘱指定其父亲在其身故后担任小翠的监护人？是否可以与前妻协议确定由前妻担任自己的监护人？

1. 监护的分类

依据被监护人的不同，可以将监护分为未成年人监护和成年监护。所谓未成年人监护，是指以未成年人为被监护人的监护。成年监护，是指依据法律规定和约定对无民事行为能力或者限制民事行为能力的成年人所实施的监护。

从《民法总则》的规定来看，成年监护包括两种：第一，法定监护，即依据法律规定对无民事行为能力或限制民事行为能力的成年人所进行的监护，监护人的范围、顺序以及监护人的设定等都是依法进行的。《民法总则》第 28 条对成年监护的法定监护人作出了规定，即成年监护第一顺序监护人为配偶，第二顺序监护人是父母、子女，第二顺序监护人是其他近亲属，第四顺序的监护人为其他愿意担任监护人的个人或者组织。第二，意定监护，即按照具有完全民事行为能力的成年人与有关个人或组织之间的约定所形成的成年监护。关于意定成年监护，《民法总则》第 33 条规定："具有完全民事行为能力的成年人，可以与其近亲属、其他愿意担任监护人的个人或者组织事先协商，以书面形式确定自己的监护人。协商确定的监护人在该成年人丧失或者部分丧失民事行为能力时，履行监护职责。"

我国《民法总则》使用多个条款对成年监护制度作出了规定，并强化了对被监护人的成年人权益的保护，突出了对其个人意愿的尊重。成年监护符合国际上的发展趋势。随着老龄社会的到来，各国开始重视老年监护制度，即为不能完全处理自身事务的老年人设置监护人，从而对其进行照护和管理的一项民事法律制度。

2. 监护的设定

我国《民法总则》构建监护制度的基本思路，是要构建以家庭监护为基础，以社会监护为补充，以国家监护为保障的监护制度。

从我国《民法总则》的规定来看，关于监护的设立，主要规定了法定监护、意定监护、遗嘱监护和指定监护等方式。

法定监护，是指监护人由法律直接规定的监护。关于法定监护的类型，我国《民法通则》仅规定了未成年人的法定监护，《民法总则》在此基础上对成年人的法定监护作出了规定。《民法总则》第 27 条对未成年人的法定监护人范围作出了规定。依据该条规定，未成年人的法定监护人包括：

（1）未成年人的父母。在未成年人父母能够担任监护人的情形下，首先由父母担任未成年人的法定监护人。

（2）其他近亲属及个人或组织。如果未成年人的父母已经死亡或者没有监护能力，则由下列有监护能力的人按顺序担任监护人：祖父母、外祖父母；兄、姐；其他愿意担任监护人的个人或者组织。如果未成年人祖父母、外祖父母、兄、姐以外的人愿意担任未成年人监护人，其在担任监护人时应当经该未成年人住所地的居民委员会、村民委员会或者民政部门同意，以避免上述人担任监护人不适当造成未成年人的损害。

《民法总则》第 30 条规定，依法具有监护资格的人之间可以协议确定监护人，协议确定监护人应当尊重被监护人的真实意愿。《民法总则》第 30 条规定了协议监护，但必须符合如下条件：第一，必须是在依法具有监护资格的人之间进行协商，但要尊重监护人的法定顺序。例如，在父母有多个子女，或者未成年人有多个兄姐时，究竟由何人担任监护人，可以协商确定。第二，协议监护必须是父母以外的人，不能通过协议将父母排除在监护人范围之外。第三，要尊重被监护人的真实意愿。具有监护资格的数人在进行协商确定时，要考虑被监护人的真实意愿。

意定监护，依据《民法总则》第 33 条的规定，是指具有完全民事行为能力的成年人与其近亲属、其他愿意担任监护人的个人或者组织事先协商，以书面形式确定自己的监护人的方式所设定的，在其丧失或者部分丧失民事行为能力时由该监护人履行监护职责的监护。《民法总则》第 33 条关于意定监护的规定来自《老年人权益保障法》第 26 条，并对其作了进一步完善，如强调书面形式等，以防止发生争议。案例中张公平可以与前妻协议确定由前妻担任自己的监护人。

意定监护制度能够更好地尊重当事人的意愿：一方面，成年监护中的法定监护主要是对精神病人的监护，成年人在其丧失行为能力之前，可以根据自己的意愿，选择适当的人作为其未来的监护人，这也是私法自治原则的重要体现。而且与指定监护相比，允许成年人通过协议设定监护人，也能够更好地尊重其意愿。另一方面，在意定监护中，当事人在选择监护人时，既不受法定监护人范围的限制，也不受监护顺序的限制，更不需要其住所地的居民委员会、村民委员会的同意，这就能够在最大限度内尊重当事人的意愿。

遗嘱监护是指被监护人的父母在担任监护人期间，通过遗嘱的方式为被监护人指定监护人的监护制度。我国《民法总则》第 29 条规定："被监护人的父母担任监护人的，可以通过遗嘱指定监护人。"案例中张公平作为养父，可以通过遗嘱为小翠指定监护人。

《民法总则》第 31 条第 1 款规定："对监护人的确定有争议的，由被监护人住所地的居民委员会、村民委员会或者民政部门指定监护人，有关当事人对指定不服的，可以向人民法院申请指定监护人；有关当事人也可以直接向人民法院申请指定监护人。”

指定监护包括以下两种类型：一是当事人就监护人的确定发生争议的，则由被监护人住所地的居民委员会、村民委员会或者民政部门指定监护人，如果当事人对该指定不服，则可以向人民法院申请指定监护人。二是人民法院也可以直接依据有关当事人的申请指定监护人，而不需要经过被监护人住所地的居民委员会、村民委员会或者民政部门指定监护人这一阶段。

在指定监护人之前，被监护人可能无人照管，其利益无法得到保障，如某个老人因为没有子女，其配偶也无法担任监护人，在申请居民委员会、村民委员会、民政部门或者人民法院指定监护人之前，该老人处于无监护人的状态，其人身、财产权益随时可能遭受他人侵害，此时，就有必要由相关主体担任临时监护人。依据《民法总则》第 31 条第 3 款规定，出现上述情形时，可以由被监护人住所地的居民委员会、村民委员会、法律规定的有关组织或者民政部门担任临时监护人，这些主体也应当履行监护职责。

在指定监护人的情形下，监护人一旦确定，就不得随意变更。对此，《民法总则》第 31 条第 4 款规定：“监护人被指定后，不得擅自变更；擅自变更的，不免除被指定的监护人的责任。”依据该条规定，在指定监护人后，因相关主体擅自变更监护人而使被监护人遭受损害的，则监护人应当承担不履行监护职责的责任。

三、监护的职责及其履行

【案例】 小学生梁一思极具天赋，参演多部影视剧攒下存款 300 万元。为让梁一思存款保值，其父在某城市以梁一思的名义购买多套房屋，未料周边房价均上涨，唯独该城市房价下跌，导致严重亏损。

【问题】 梁父作为梁一思的监护人，以梁一思的名义购买房屋而签订的买卖合同是否有效？投资造成的损失由谁承担？

1. 监护的职责

《民法总则》第34条第1、2款规定："监护人的职责是代理被监护人实施民事法律行为，保护被监护人的人身权利、财产权利以及其他合法权益等。监护人依法履行监护职责产生的权利，受法律保护。"

首先，监护人可以代理被监护人实施民事法律行为，监护人是被监护人的法定代理人。故梁父作为梁一思的监护人，以梁一思的名义购买房屋而签订的买卖合同，主体适格，意思表示真实，内容合法，当属有效。

其次，监护人应保护被监护人的人身、财产权利以及其他合法权益，保护被监护人的财产权益不受非法侵害。《民法总则》第34条第3款规定："监护人不履行监护职责或者侵害被监护人合法权益的，应当承担法律责任。"第35条第1款规定："监护人应当按照最有利于被监护人的原则履行监护职责。监护人除为维护被监护人利益外，不得处分被监护人的财产。"据此，为保护被监护人的财产，监护人如处分被监护人财产，需要为维护被监护人的利益，如果给被监护人带来损害，应承担赔偿责任。本案梁父通过投资手段为被监护人的财产保值、增值不属于监护人法定职责的范围，导致亏损需要承担责任。

根据《民法总则》第26条规定，父母和子女之间相互所负有的监护义务是指父母对未成年子女负有抚养、教育和保护的义务；成年子女对丧失或部分丧失民事行为能力的父母负有赡养、扶助和保护的义务。

(1) 父母对未成年的子女具有以下监护义务:父母对子女有抚养教育的义务,父母不履行抚养义务时,未成年的或不能独立生活的子女,有要求父母付给抚养费的权利;父母有保护和教育未成年子女的义务,不直接抚养非婚生子女的生父或生母,应当负担子女的生活费和教育费,直至子女能独立生活为止;父母应当禁止对未成年人实施家庭暴力,禁止虐待、遗弃未成年人,禁止溺婴和其他残害婴儿的行为,不得歧视女性未成年人或者有残疾的未成年人;父母应当关注未成年人的生理、心理状况和行为习惯,以健康的思想、良好的品行和适当的方法教育和影响未成年人,引导未成年人进行有益身心健康的活动,预防和制止未成年人吸烟、酗酒、流浪、沉迷网络以及赌博、吸毒等行为;父母应当尊重未成年人受教育的权利,必须使适龄未成年人依法入学接受并完成义务教育,不得使接受义务教育的未成年人辍学。

(2) 成年子女对父母具有以下监护义务:老年人养老主要依靠家庭,家庭成员应当关心和照料老年人。成年子女应当履行对老年人经济上供养、生活上照料和精神上慰藉的义务,照顾老年人的特殊需要;成年子女对患病的老年人应当提供医疗费用和护理。成年子女不履行赡养义务时,无劳动能力的或生活困难的父母,有要求子女付给赡养费的权利。子女应当妥善安排老年人的住房,不得强迫老年人迁居条件低劣的房屋。老年人自有的或者承租的住房,子女或者其他亲属不得侵占,不得擅自改变产权关系或者租赁关系。老年人自有的住房,赡养人有维修的义务。子女有义务耕种老年人承包的田地,照管老年人的林木和牲畜等,收益归老年人所有。成年子女不得以放弃继承权或者其他理由,拒绝履行赡养义务。子女不履行赡养义务时,无劳动能力的或生活困难的父母,有要求子女付给赡养费的权利。子女不得要求老年人承担力不能及的劳动。

2. 监护人监护职责的履行

监护人在依据法律规定或者约定履行监护职责时，任何个人或组织不得进行非法干涉。依据《民法总则》第35条的规定，监护人履行监护职责应当遵循如下原则：

(1) 按照最有利于被监护人的原则履行监护职责。监护人要根据被监护人的实际情况来行使监护职责，充分地保护被监护人的财产、人身和其他利益。例如，如果被监护人生病的，则监护人应当及时将其送医救治。

(2) 不得擅自处分被监护人的财产。监护人在履行监护职责时，一般只是对被监护人的财产进行管理，而不能通过被监护人的财产为自己谋利。除为维护被监护人利益的情形外，监护人不得处分被监护人的财产。

(3) 尊重被监护人的意愿。由于成年人相对于未成年人而言，其认知能力和判断能力更强，因此，《民法总则》要求监护人必须最大程度地尊重被监护人的真实意愿。例如，城市中许多老人都有自己的房屋，但老年人愿意以房养老，或者愿意将房屋以一定价格出售，或者将房屋长期出租等，这些事务究竟应当如何处置，监护人应当在不损害老年人利益的前提下尽可能听取老年人的意愿。

四、监护的撤销和终止

【案例】 年幼女童梁一思长期遭生父虐待，生父因故意犯罪被撤销监护资格，亲生母亲8年不现身，在得知女儿遭遇后也是不闻不问。当地民政部门向法院申请撤销了梁一思母亲的监护权。后来，梁一思父亲忏悔不已，决心痛改前非。

【问题】 在征得梁一思同意的基础上，梁父可否请求人民法院恢复其监护人资格？

1. 监护的撤销

所谓撤销监护资格，是指监护人在履行职责期间，从事了严重侵害被监护人权益的行为，从而被取消其监护资格。法律之所以规定撤销监护人资格制度，主要是为了保护被监护人的合法权益，对监护人进行监督。在监护关系设定后，监护人因各种原因已经无法或者未能履行职责，从保护被监护人利益角度考虑，有必要规定监护资格撤销制度。《民法总则》第 36 条第 1 款规定："监护人有下列情形之一的，人民法院根据有关个人或者组织的申请，撤销其监护人资格，安排必要的临时监护措施，并按照最有利于被监护人的原则依法指定监护人：(一)实施严重损害被监护人身心健康行为的；(二)怠于履行监护职责，或者无法履行监护职责并且拒绝将监护职责部分或者全部委托给他人，导致被监护人处于危困状态的；(三)实施严重侵害被监护人合法权益的其他行为的。"这就对撤销监护人资格的原因和条件等作了明确规定。

监护人被撤销之后，如果没有及时指定新的监护人，则被监护人就处于无人监护的状态，对其十分不利。例如，被监护人的人身、财产都处于无人监护的状态，极易遭受第三人的侵害。因此，依据《民法总则》第 36 条第 1 款规定，人民法院根据有关个人或者组织的申请，在撤销监护人资格以后，应当为被监护人安排必要的临时监护措施。所谓临时监护措施，就是为了在短期内起到保护被监护人权益的作用而采取的一些监护措施，如将被监护人安置在医院、看护所等场所，委托医院负责看护等。在采取这些措施的同时，人民法院也应当按照最有利于被监护人的原则依法指定临时监护人。

关于申请撤销监护资格的主体，《民法总则》第 36 条第 2 款规定："本条规定的有关个人和组织包括：其他依法具有监护资格的人，居民委员会、村民委员会、学校、医疗机构、妇女联合会、残疾人联合会、未成年人保护组织、依法设立的老年人组织、民政部门等。”在这些机构中，居民委员会、村民委员会都是群众性的自治组织，有义务办理一些公益性的事业，防止被监护人的利益受到侵害。至于学校、医疗机构、妇女联合会、残疾人联合会、未成年人保护组织等机构，也都与被监护人的成长、生活相关，对被监护人负有照顾、保护等义务。此外，根据《民法总则》第 36 条第 3 款相关主体未向人民法院申请撤销监护人资格的，民政部门负有提出申请的义务。

《民法总则》第 37 条规定：“依法负担被监护人抚养费、赡养费、扶养费的父母、子女、配偶等，被人民法院撤销监护人资格后，应当继续履行负担的义务。”抚养、赡养、扶养是法定的义务，是基于血缘等关系而确立的，这些义务不因监护关系的终止而终止。

监护资格被撤销后，并不意味着永远丧失监护资格，其在一定条件下也可以恢复。《民法总则》第 38 条规定：“被监护人的父母或者子女被人民法院撤销监护人资格后，除对被监护人实施故意犯罪的外，确有悔改表现的，经其申请，人民法院可以在尊重被监护人真实意愿的前提下，视情况恢复其监护人资格，人民法院指定的监护人与被监护人的监护关系同时终止。”本案中梁一思父亲尽管忏悔不已，决心痛改前非，但因对被监护人实施故意犯罪将永远剥夺监护资格。

2. 监护的终止

根据《民法总则》第 39 条的规定，监护主要因下列原因而终止：

(1) 被监护人取得或者恢复完全民事行为能力。未成年人已经满 18 周岁，即取得了完全的民事行为能力，监护关系自然消灭。已有劳动收入为主要生活来源的，至满 16 周岁之日，监护关系消灭。成年被监护人恢复健康，恢复了民事行为能力的，监护关系也消灭。

(2) 监护人丧失监护能力。监护人丧失监护能力,是指由于监护人丧失监护能力,不能继续担任监护人,因而消灭监护关系。例如,监护人丧失或者部分丧失民事行为能力,就丧失了监护能力,不能继续担任监护人。

(3) 被监护人或者监护人死亡。无论是被监护人还是监护人死亡,都会引起监护关系的消灭。

(4) 人民法院认定监护关系终止的其他情形。这种情形比较多,例如,被监护的未成年人被生父母认领或者被他人收养。

监护人在一般情况下,不得抛弃其监护资格,也不得要求辞去监护,但如果确有正当理由使其不能履行监护职责时,可以向指定机关提出申请,请求辞去监护资格。一般来说,辞去监护仅适用于指定监护的情况,而不能适用于法定监护。

《民法总则》第 39 条第 2 款规定:"监护关系终止后,被监护人仍然需要监护的,应当依法另行确定监护人。"例如,监护人死亡后,被监护人仍未成年,仍然需要监护人,此时就应当依照《民法总则》的相关规定,重新确定监护人。如果由人民法院撤销监护人资格的,在撤销的同时,法院也应当依法指定监护人。

第四节　及时了结与他人的财产关系和人身关系——宣告失踪与宣告死亡

一、宣告失踪的概念和条件

【案例】 董敏法未婚,有弟甲、妹乙,其父母均已死亡。2016 年 4 月,董敏法外出打工,有 2 年时间没有回家。甲、乙四处寻找，也没有得到董敏法的消息，于是，甲向法院申请宣告董敏法死亡，但乙坚决反对，要求宣告董敏法失踪，并主张对董敏法的财产进行代管。

【问题】 法院应否宣告董敏法失踪？

宣告失踪，是指自然人下落不明从其失去音讯之日起达到法定期限，利害关系人向人民法院申请宣告该自然人为失踪人的制度。

根据《民法总则》第 40 条和《民事诉讼法》的有关规定，申请宣告失踪应当具备以下条件：第一，自然人下落不明满 2 年。即其离开最后住所地不知去向，持续时间满 2 年。根据《民法总则》第 41 条规定，自然人下落不明的时间从其失去音讯之日起计算。战争期间下落不明的，下落不明的时间自战争结束之日或者有关机关确定的下落不明之日起计算。第二，申请人必须是失踪人的利害关系人，包括被申请宣告失踪人的配偶、父母、子女、兄弟姐妹、祖父母、外祖父母、孙子女、外孙子女以及其他与被申请人有民事权利义务关系的人。第三，申请人应当向下落不明人住所地的基层人民法院申请宣告失踪。

人民法院受理宣告失踪案件后，应当发出寻找下落不明人的公告。宣告失踪的公告期间为 3 个月。公告期间届满，人民法院应当根据被宣告失踪的事实是否得到确认，作出宣告失踪的判决或者驳回申请的判决。案例中董敏法符合宣告失踪的条件，乙可以向法院申请宣告失踪，不可以宣告死亡。

二、宣告失踪的法律后果

【案例】 张公平未婚，父母都已去世。某日张公平离家出走，再无音讯。下落不明满2年，张公平的债权人郑某向人民法院申请宣告张公平失踪。人民法院依法判决宣告张公平失踪。张公平有8立方米的木材，存放于其二哥张乙家中4立方米，存放于其弟张丙家中4立方米。张公平的大哥张甲、二哥张乙和弟弟张丙争相作为张公平财产的代管人，且都不肯相让。张甲认为自己是大哥应负起代管责任，张乙和张丙都认为自己已经在代管张公平的财产，应该成为张公平的财产代管人。

【问题】 对此争执不下的情况下，该如何确定财产代管人？

1. 依法宣告自然人失踪的法律后果

一是通过确立财产代管人，结束失踪人财产无人管理的状态，通过财产代管人妥善管理失踪人的财产，从而维护其财产权益。二是通过财产代管人从失踪人的财产中支付失踪人所欠税款、债务和应付的其他费用，从而使失踪人完成纳税义务和支付欠款，也有利于维护其债权人的利益。

宣告自然人失踪需要确定失踪人的财产代管人。根据《民法总则》第42条规定，失踪人的财产由其配偶、成年子女、父母或者其他愿意担任财产代管人的人代管。代管有争议，没有前款规定的人，或者前款规定的人无代管能力的，由人民法院指定的人代管。财产代管人不能全权代理失踪人从事民事活动，只能在法律和法院授权的范围内代理失踪人从事必要的民事活动。财产代管人通常不能从事与失踪人的债务清偿和债权追索无关的活动。①案例中张甲、张乙和张丙中的任何人都可以向人民法院申请，由人民法院为失踪人张公平指定财产代管人。

① 参见杨立新：《中华人民共和国民法总则要义与案例解读》，中国法制出版社2017年版，第175页。

根据《民法总则》第 43 条第 1 款规定,财产代管人对失踪人的财产代管责任是应当妥善管理失踪人的财产,维护其财产权益。失踪人的财产受到不法侵害的,代管人应当像管理自己的财产一样采取必要措施维护其财产利益,如要求侵权人停止侵害、承担侵权责任等。该条第 2 款则明确规定了代管人支配失踪人的财产范围,即失踪人所欠税款、债务和应付的其他费用,由财产代管人从失踪人的财产中支付。

民法设立财产代管人就是为了妥善管理失踪人的财产和维护其财产利益。根据《民法总则》第 44 条第 1 款规定,财产代管人具有以下情形之一的,失踪人的利害关系人可以申请变更财产代管人:(1)财产代管人不履行代管职责。这主要表现为财产代管人放弃财产代管职责,对失踪人的财产放任不管,任其流失、腐烂等。(2)侵害失踪人财产权益。这主要表现为财产代管人侵占、擅自使用和将代管财产据为己有或者利用失踪人的财产获利及任加处置等。(3)财产代管人丧失代管能力。这不仅指财产代管人丧失或者部分丧失民事行为能力的情形,还包括代管人体力、精神不济等,不能妥善管理失踪人财产和妥善处理失踪人债权债务关系的能力等情形。具备上述情形之一的,失踪人的利害关系人包括配偶、父母、子女等近亲属及其他与失踪人具有权利义务关系的利害关系人可以向人民法院申请变更财产代管人。

除了上述规定的利害关系人可以依法申请变更财产代管人外,根据《民法总则》第 44 条第 1 款规定,财产代管人有正当理由的,可以向人民法院申请变更财产代管人。这里的"正当理由"一般包括财产代管人工作繁忙、身体欠佳或者长期居住外地等导致不能妥善履行代管职责的各种情形。基于妥善管理失踪人财产的愿望,财产代管人有正当理由的,可以向人民法院申请变更财产代管人。

根据《民法总则》第44条第3款规定，经失踪人的利害关系人或者财产代管人的申请，人民法院变更财产代管人的，变更后的财产代管人有权要求原财产代管人及时移交有关财产并报告财产代管情况。否则，将导致变更后的财产代管人无法履行代管职责。

2. 宣告自然人失踪重新出现

在现实生活中也常常发生宣告失踪后，失踪人重新出现的情况。此时，根据《民法总则》第45条第1款规定，失踪人重新出现，经失踪人本人或者利害关系人申请，人民法院应当撤销失踪宣告。自撤销失踪宣告之日起，财产代管关系终止。

根据《民法总则》第45条第2款规定，失踪人重新出现，有权要求财产代管人及时移交有关财产并报告财产代管情况。可见，财产代管人应将其代管的被宣告失踪人的现有全部财产移交被宣告失踪人，并应当将代管期间发生的有关财产变动和处置情况报告被宣告失踪人。在财产代管期间，财产代管人基于履行财产代管职责发生的由财产代管人从失踪人的财产中支付的失踪人所欠税款、债务和应付的其他费用，以及其他财产变动，只要合法有据，对被宣告失踪人有效。

三、宣告死亡的概念和条件

【案例】 某日，张公平到某某市进货，在返回的途中，其乘坐的小货车不幸翻车坠入河中，司机李某某当场遇难，张公平下落不明。2年下落不明期间届满，张公平的债权人邹某某期望通过宣告死亡以张公平的遗产偿还邹某某借给他的50万元货款。

【问题】 债权人可以提起宣告死亡的诉讼吗？向何地法院起诉？

宣告死亡，是指自然人下落不明达到法定期限，经利害关系人向人民法院提出申请，人民法院依照法定程序宣告该自然人死亡的制度。法律规定宣告死亡制度的意义，在于消除自然人长期下落不明所造成的财产关系和人身关系的不稳定状态，及时了结下落不明人与他人的财产关系和人身关系，从而维护正常的社会秩序。①

根据《民法总则》和《民事诉讼法》的有关规定，宣告死亡应当具备下列条件：

第一，自然人下落不明满 4 年，即自然人离开最后住所地不知去向，没有音讯，持续时间满 4 年。因意外事件，下落不明满 2 年。因意外事件下落不明，经有关机关证明该自然人不可能生存的，申请宣告死亡不受 2 年时间的限制。根据《民法总则》第 41 条规定，自然人下落不明的时间自其失去音讯之日起计算。战争期间下落不明的，下落不明的时间自战争结束之日或者有关机关确定的下落不明之日起计算。

第二，申请人必须是下落不明人的利害关系人，包括被申请宣告死亡人的配偶、父母、子女、兄弟姐妹、祖父母、外祖父母、孙子女、外孙子女以及其他与被申请人有民事权利义务关系的人。案例中张公平的债权人邹某某有权提起申请。

第三，利害关系人申请宣告下落不明人死亡的，向其住所地基层人民法院提出。申请书应当写明下落不明的事实、时间和请求，并附有公安机关或者其他有关机关关于该自然人下落不明的书面证明。案例中债权人邹某某可以向张公平住所地基层人民法院提起宣告死亡诉讼。

---

① 参见杨立新：《中国民法总则研究》，中国人民大学出版社 2017 年版，第 339 页。

根据《民事诉讼法》第185条规定，人民法院受理宣告死亡案件后，应当发出寻找下落不明人的公告。宣告死亡的公告期间为1年。因意外事故下落不明，经有关机关证明该自然人不可能生存的，宣告死亡的公告期间为3个月。公告期间届满，人民法院应当根据被宣告死亡的事实是否得到确认，作出宣告死亡的判决或者驳回申请的判决。

宣告自然人失踪并不是利害关系人申请宣告自然人死亡的必经程序，不经申请宣告失踪可以直接申请宣告死亡。如果对同一自然人，有的利害关系人申请宣告死亡，有的利害关系人申请宣告失踪，根据《民法总则》第47条规定，符合本法规定的宣告死亡条件的，人民法院应当宣告死亡。

根据《民法总则》第48条规定，被宣告死亡的人，人民法院宣告死亡的判决作出之日视为其死亡的日期；因意外事件下落不明宣告死亡的，意外事件发生之日视为其死亡的日期。

四、宣告死亡的法律后果

【案例】 张公平被宣告死亡后妻子梁一思未再婚，她是唯一的继承人。2017年3月，梁一思将家里的一辆轿车赠送给了弟弟梁三思，交付并办理了过户登记。宣告死亡期间，张公平在南方甲地做服装生意，与乙市未来服装公司订立一笔价值32万元的服装买卖合同，货到付款。因货款不足，遂与家中兄弟联系筹款，得知自己已被人民法院宣告死亡。不料，到货后该笔服装价格大跌。张公平遂以自己已被人民法院宣告死亡、没有民事主体资格为由，主张其在被宣告死亡期间与乙市未来服装公司订立的服装买卖合同无效，要求无条件退货。2018年12月，张公平的死亡宣告被撤销。

【问题】 梁一思有权赠与该轿车吗？张公平与乙市未来服装公司的买卖合同有效吗？张公平与梁一思的婚姻关系可以恢复吗？

1. 被宣告死亡后导致的法律后果

宣告死亡的目的，是从法律上宣告下落不明人法律关系主体资格消灭，结束下落不明人与利害关系人之间的人身关系，发生继承的法律效果。具体来说，宣告死亡发生与自然死亡相同的法律后果，被宣告死亡的人的婚姻关系，自死亡宣告之日起消灭；自死亡宣告之日或意外事件发生之日，继承开始，在被继承财产分割之前，被宣告死亡人的财产可以用来偿还其生前所欠债务。此外，《工伤保险条例》第 41 条规定："职工被人民法院宣告死亡的，按照本条例第 39 条职工因工死亡的规定处理，即职工因工死亡，其近亲属按照规定从工伤保险基金领取丧葬补助金、供养亲属抚恤金和一次性工亡补助金。"案例中张公平被宣告死亡之后，轿车作为共同财产，梁一思作为唯一继承人，通过继承获得桥车的全部权利，是有权处分，梁三思可因此而合法获得轿车的所有权。

自然人被宣告死亡，是经利害关系人申请，由人民法院对下落不明达到法定期限的自然人依法宣告其死亡，即从法律上推定其死亡的制度。其与自然死亡虽然能够产生相同的法律后果，但其性质是不同的。

2. 被宣告死亡后重新出现

作为死亡推定的宣告死亡，自然人依法被宣告死亡后不仅会因未死亡而重新出现，而且也会在宣告死亡期间实施各种民事法律行为。其实施的各种民事法律行为，诸如订立合同，转让和处分自己的财产甚至结婚等，只要具备民事法律行为的构成要件，不违背法律法规的强制性规定和公序良俗，就是有效的。本案中，张公平的主张不能成立，因为自然人被宣告死亡但是并未死亡的，不影响该自然人在被宣告死亡期间实施的民事法律行为的效力。

死亡宣告被撤销的，导致发生以下法律后果：

(1) 有条件地自行恢复婚姻关系。《民法总则》第 51 条规定，被宣告死亡的人的婚姻关系，自死亡宣告之日起消灭。死亡宣告被撤销的，婚姻关系自撤销死亡宣告之日起自行恢复，但是其配偶再婚或者向婚姻登记机关书面声明不愿意恢复的除外。案例中张公平与梁一思的婚姻关系自撤销死亡宣告之日起自行恢复。

(2) 子女被他人依法收养的，亲子关系不能自行恢复。《民法总则》第 52 条规定，被宣告死亡的人在被宣告死亡期间，其子女被他人依法收养的，在死亡宣告被撤销后，不得以未经本人同意为由主张收养关系无效。

(3) 返还财产和适当补偿请求权。根据《民法总则》第 53 条第 1 款规定，被撤销死亡宣告的人有权请求依照《继承法》取得其财产的民事主体返还财产。无法返还的，应当给予适当补偿。

(4) 返还财产和损害赔偿请求权。《民法总则》第 53 条第 2 款规定，利害关系人隐瞒真实情况，致使他人被宣告死亡取得其财产的，除应当返还财产外，还应当对由此造成的损失承担赔偿责任。

第三章　独立财产与独立责任
——法人制度

第一节　民法总则最具创新点的设计
——法人的概念和分类

一、法人的概念与条件

【案例】 张公平、董敏法、梁一思每人出资20万元设立某某市悟空文化创意有限责任公司(以下简称悟空公司),租赁某某市大发有限公司(以下简称大发公司)经营的写字楼作为公司住所和经营场所。双方约定月租金3.6万元,每月1日交付,逾期交付,每天承担万分之三的违约金。悟空公司成立3个多月,没有开展任何业务,因此也没有任何经营收入。因购置办公设备,由3人出资构成的60万元的公司经营资金花费殆尽,无力支付所欠大发公司3个月即10.8万元的房租。

【问题】 悟空公司无钱支付房租,大发公司可以向张公平、董敏法、梁一思三个股东讨要房租吗?

1. 法人的概念

法人是民事主体类型之一,与自然人相对,是由法律创设的权利主体,以从事交易及相关活动。自然人与法人统称为法律上的“人”。对于自然人而言,法人永远只是一个工具性的概念。法人的这一特点,显然与自然人之“自在的目的性”特质有着天壤之别。①《民法总则》第57条规定,法人是具有民事权利能力和民事行为能力,依法独立享有民事权利和承担民事义务的组织。与非法人组织相比,在法人与其设立人、出资人的关系上,法人依法独立享有民事权利和承担民事义务,即能够独立承担民事责任。而非法人组织与其投资人、设立人对其债务一般要承担连带责任或者无限责任。

法人具有以下法律特征:

(1) 法人是具有独立人格和以自己的名义进行民事活动的社会组织体。法律禁止出资人、设立人与法人的人格混同。对此,《民法总则》第83条第2款明确规定,营利法人的出资人不得滥用法人独立地位和出资人有限责任损害法人的债权人利益。滥用法人独立地位和出资人有限责任,逃避债务,严重损害法人的债权人利益的,应当对法人债务承担连带责任。

(2) 法人有独立的法人财产,享有法人财产权。法人依法设立后,设立人的出资作为法人财产与设立人的财产相分离,法人享有包括财产所有权、支配权、占有权、使用收益权以及处分权在内的法人财产权。

(3) 法人以其全部财产独立承担民事责任。对于法人来讲,其全部财产不足以清偿其全部债务即资不抵债时,其只能依法重整或者宣告破产,其债权人也无权要求出资人承担清偿责任。案

① 朱庆育:《民法总论》(第2版),北京大学出版社2016年版,第418页。

例中作为法人的悟空公司相对于其出资人具有独立的法人财产权，此时，大发公司无权要求股东张公平、董敏法、梁一思交付悟空公司所欠房租，其只能要求悟空公司支付。若提起诉讼主张权利，大发公司只能以悟空公司为被告提起诉讼，要求其支付所欠房租和相应的违约金。

2. 法人的条件

根据《民法总则》第 58 条第 2 款规定，成立法人应当具备以下条件：

(1) 法人应当有自己的名称。法人名称是法人标示和代表自身的符号，是与其他法人相区别的基本标志。法人名称的构成具有法定性且其为法人所专有，未经法人同意或者依法转让，他人无权擅自使用法人名称，依法进行登记的法人名称受法律保护。

(2) 法人应当具备相应的组织机构。其组织机构一般包括权力机构、执行机构和监督机构。其中，权力机构是由全体组成成员构成的成员大会，依法行使法人的决策权。法人的执行机构，对法人全体成员大会负责并依法行使法人的经营执行权。监督机构，主要行使对法人财务的检查权和对法人的法定代表人、高级管理人员执行法人职务的行为进行监督。

(3) 法人应当有自己的住所。《民法总则》第 63 条规定，法人以其主要办事机构所在地为住所。依法需要办理法人登记的，应当将主要办事机构所在地登记为住所。

(4) 法人应当有自己的财产或者经费。法人应当具备必要的财产和经费，这既是法人开展符合其设立目的活动的物质基础，也是法人进行民事活动的信用与责任基础。

二、法人的分类

【案例】 生活中我们会和各种机构打交道，去银行存钱，去公安局办护照，去公司上班，到商场买东西，到学校读书，到医院看病，平常居委会还会调解邻里纠纷……以上不少机构都是民法中的法人。

【问题】 请你分析生活中的相关机构的法人性质和特点？

《民法总则》基于法人的设立目的及其是否向出资人、设立人分配所得利润进行划分，法人分为营利法人和非营利法人。《民法总则》第76条规定，以取得利润并分配给股东等出资人为目的成立的法人，为营利法人。营利法人包括有限责任公司、股份有限公司和其他企业法人等。

《民法总则》第87条规定，为公益目的或者其他非营利目的成立，不向出资人、设立人或者会员分配所取得利润的法人，为非营利法人。非营利法人包括事业单位、社会团体、基金会、社会服务机构等。以上两大类型的法人将在第三节和第四节重点介绍，这里主要介绍第三类特别法人。

根据《民法总则》第96条的规定，特别法人是营利法人和非营利法人之外的一种法人，具有民事权利能力和民事行为能力，依法享有民事权利和承担民事义务的社会组织。它包括机关法人、农村集体经济组织法人、城镇农村的合作经济组织法人、基层群众性自治组织法人。

机关法人首先表现为其是国家权力主体或具有相应的行政职能，其权力或行政职能是其存在和依法运作的根本理由。但其可以从事为履行职能所需要的民事活动，在其从事民事活动时与其相对人一样都是平等的民事主体。机关法人是有独立经费的机关和承担行政职能的权力或行政主体，依法行使宪法、法律和行政法规赋予的职权和履行行政管理职能。机关法人以其在国家政治生活中的地位以及其行使权力的方式不同，分为国家权力机关法人、国家行政机关法人、国家审判机关法人、国家检察机关法人、国家监督机关法人和国家军事机关法人等。机关法人行使公权力和履行行政管理职能不属于民事活动。因此，机关法人只有在其从事为履行职能所需要的民事活动时，才有可能发生民事法律关系，并作为平等的民事主体出现。

农村集体经济组织是一种具有中国特色的经济组织形式，为了适应我国农村集体所有制经济而设立。根据《宪法》和《物权法》等相关法律规定，农村集体经济组织依法代表农民集体行使农村集体土地所有权，在遵守法律规定的前提下，有独立进行经济活动的自主权。农村集体经济组织具备法人条件的，依法取得法人资格。

城镇农村的合作经济组织，是在同类产品的生产经营者或者同类生产经营服务的提供者、利用者，自愿联合、民主管理的互助性经济组织。城镇农村的合作经济组织依法取得法人资格。城镇农村的合作经济组织法人，享有生产经营自主权，受法律保护，任何单位和个人都不得侵犯其合法权益。供销合作社、农民专业合作社是我国城镇农村的合作经济组织法人的最典型形式。

基层群众性自治组织包括城市居民委员会和农村村民委员会，是城乡基层群众即城市市民和农村村民自我管理、自我教育、自我服务的基层群众性自治组织，实行民主选举、民主决策、民主管理、民主监督。村民委员会办理本村的公共事务和公益事业，调解民间纠纷，协助维护社会治安，向人民政府反映村民的意见、要求和提出建议。《民法总则》第 101 条第 1 款规定，居民委员会、村民委员会具有基层群众性自治组织法人资格,可以从事为履行职能所需要的民事活动。特别是不少农村地区,村民委员会还负责代行村集体经济组织管理集体资产的职能,法人资格的欠缺严重影响其独立进行经济活动。因此,居民委员会、村民委员会具有法人资格,可以从事为履行职能所需要的民事活动。

三、法人的设立方式

【案例】 张公平、董敏法、梁一思、魏荃泽四人每人投资200万元,想在南京注册成立一个文具有限公司,主营学生文具用品的销售业务。

【问题】 如何完成该公司的相关设立手续?

1. 法人的成立有准则主义和许可主义两种

《民法总则》第58条第1款规定,法人应当依法成立。第3款规定,设立法人,法律、行政法规规定须经有关机关批准的,依照其规定。据此,法人的成立有准则主义和许可主义两种。

所谓法人设立的准则主义,是指法人的设立不经有关行政管理部门审批,只需具备法律规定的成立条件,即可在有关行政管理机关登记成立。

所谓法人设立的许可主义,是指法人的设立除了具备法律规定的基本条件外,还必须按照法律、行政法规规定的经有关行政管理机关的批准方可成立。有关行政管理机关经审查不符合条件的,将不予批准设立。许可设立主义,又被称为法人核准设立主义。

法人经登记或审批核准而成立,法人自成立时起即具备民事主体资格，有民事权利能力和民事行为能力，到法人依法终止时即民事主体资格消灭，其民事权利能力和民事行为能力也就随之丧失。

2. 设立手续

案例中的公司设立登记需向市场监管局提交以下材料：(1)《公司登记(备案)申请书》。(2)公司章程(有限责任公司由全体股东签署，股份有限公司由全体发起人签署)。(3)股东、发起人的主体资格证明或自然人身份证明。股东、发起人为企业的，提交营业执照复印件。股东、发起人为事业法人的，提交事业法人登记证书复印件。股东、发起人为社团法人的，提交社团法人登记证复印件。股东、发起人为民办非企业单位的，提交民办非企业单位证书复印件。股东、发起人为自然人的，提交身份证件复印件。其他股东、发起人的，提交有关法律法规规定的资格证明复印件。(4)法定代表人、董事、监事和经理的任职文件。根据《公司法》和公司章程的规定，有限责任公司提交股东决定或股东会决议，发起设立的股份有限公司提交股东大会会议记录(募集设立的股份有限公司提交创立大会会议记录)。对《公司法》和章程规定公司组织机构人员任职须经董事会、监事会等形式产生的，还需提交董事签字的董事会决议、监事签字的监事会决议等相关材料。(5)住所使用证明。(6)募集设立的股份有限公司提交依法设立的验资机构出具的验资证明。涉及发起人首次出资是非货币财产的，提交已办理财产权转移手续的证明文件。(7)募集设立的股份有限公司公开发行股票的应提交国务院证券监督管理机构的核准文件。(8)法律、行政法规和国务院决定规定设立公司必须报经批准的或公司申请登记的经营范围中有法律、行政法规和国务院决定规定必须在登记前报经批准的项目，提交有关批准文件或者许可证件的复印件。

四、法人的分支机构

【案例】 住所地在上海的五湖公司在北京设立了一家分公司。该分公司以自己的名义与北京实达公司签订了一份房屋租赁合同，租赁实达公司的楼房一层，年租金为30万元。现分公司因拖欠租金而与实达公司发生纠纷。

【问题】 实达公司如何主张权利？

法人的分支机构，一般是法人为了扩大业务或者便于展开业务活动，在其住所地以外设立的从事经营活动的机构，设立分支机构是由法人出资并指派负责人进行管理。

法人可以根据业务需要，设立分支机构。法人设立分支机构，应当符合法律规定。《民法总则》第74条第1款规定，法人可以依法设立分支机构；法律、行政法规规定分支机构应当登记的，应当办理登记手续。例如，对于公司法人，《公司法》第14条第1款规定，公司可以设立分公司，设立分公司，应当向公司登记机关申请登记，领取营业执照。《公司登记管理条例》第七章对分公司登记有关事项进行了规定。对于其他企业法人，《企业法人登记管理条例》第34条第1款规定，企业法人设立不能独立承担民事责任的分支机构，由该企业法人申请登记，经登记主管机关核准，领取营业执照，在核准登记的经营范围内从事经营活动。公司以及企业法人设立分支机构，应当依照以上法律、法规进行登记。

分支机构是法人在一定区域内设置的从事经营或者其他业务活动的机构。分支机构是法人的组成部分，但与法人内设机构不同，分支机构是具有一定独立性的机构。分支机构通常有自己的名称、场所、管理机构和负责人以及从事业务活动所需要的资金和从业人员，建立符合规定的财务制度，营利法人分支机构还领取独立的营业执照。为便于分支机构开展业务活动，应允许分支机构以自己的名义从事民事活动。《民法总则》第 74 条第 2 款第一句前半部分明确分支机构可以自己的名义从事民事活动。

分支机构虽然具有一定的独立性，但属于法人的组成部分，不具有独立的法人资格，不能独立承担民事责任。分支机构虽然有自己的名称，但其名称应反映其与法人的隶属关系；分支机构虽可以从事经营及其他业务活动，但没有独立的章程，其经营权限来自法人的授权；分支机构虽有自己的组织机构和工作人员，但其人员管理由法人决定，自身没有自主权；分支机构虽有自己的财产，但所有资产隶属于法人并列入法人的资产负债表。因此，分支机构不具有独立的法人资格，不能独立承担民事责任。基于此，《民法总则》第 74 条第 2 款第一句后半部分明确分支机构从事民事活动产生的民事责任由法人承担。

分支机构有一定的财产，其虽不具有法人资格，不能成为最终民事责任的承担主体，但对于分支机构的债务，应允许由分支机构管理的财产承担，不足部分再由法人承担。案例中实达公司有权要求五湖公司承担责任，也可以要求先以五湖公司北京分公司财产清偿，不足部分由五湖公司补充承担。

第二节　法人成为民事权利主体
——法人的民事权利能力和民事行为能力

一、法人的民事权利能力

【案例】　2017 年 7 月，某灯具厂等 5 家企业发起成立某灯具有限公司（以下简称灯具公司），并依法登记。按照公司章程和登记核准的经营范围是：生产销售特种灯泡，广告、装潢、舞台艺术灯。同年8月，灯具公司得知某物资公司有一批三合板滞销，同时又得知某纤维板厂急需三合板。于是，灯具公司于8月20日与纤维板厂签订了一份买卖三合板的购销合同。合同约定：灯具公司供给纤维板厂三合板2万张，单价45元；交货时间为预付定金到位后30日内；付款方式为汇票结算，纤维板厂预付定金30万元，交货之后付余款。合同还对交货方式和地点作了相应的约定。8月23日，灯具公司通知纤维板厂无货并退还其预付的30万元定金。纤维板厂拒绝接受灯具公司退还的30万元汇票，坚持要求灯具公司交货。同年9月，纤维板厂向法院提起诉讼，要求灯具公司承担违约责任，赔偿损失。灯具公司以其无权经营纤维板、双方的合同应当无效为由，认为不应承担违约责任。

【问题】 法院是否会支持原告的诉讼请求？

1. 法人的民事权利能力的概念

法人的民事权利能力，是指法人作为民事权利主体，享受民事权利并承担民事义务的资格。尽管法人和自然人一样具有民事权利能力，但是法人的民事权利能力毕竟不同于自然人的民事权利能力。法人的民事权利能力是特殊的民事权利能力，这种特殊性具体表现在：

(1) 法人不享有与自然人的人身不可分离的权利。法人是一个社会组织体，某些与自然人的人身不可分离的人身权（如生命权、健康权等）不能由法人享有，以性别、年龄、身份及亲属关系等为前提的权利、义务，也不能由法人享有和承担。法人可以享有名称权、荣誉权、名誉权等人格权。①

---

① 参见程合红：《商事人格权论》，中国人民大学出版社2002年版，第29—33页。

（2）法人的民事权利能力依法受法律、行政法规的限制。法人只能在法律或行政命令的范围内，具有享有权利和承担义务的能力。因法律法规规定不同，各种法人享有的能力也不相同。

（3）法人的权利能力受其章程和目的的限制。设立人在设立法人时确立的目的范围直接决定了法人的能力范围，同时法人的权利能力也应当在其章程等文件中加以确定。①

我国《公司法》第12条也允许公司通过修改公司章程，改变经营范围，但公司的经营范围属于法律、行政法规规定须经批准的项目的，应当依法经过批准。《合同法解释（一）》第10条也规定："当事人超越经营范围订立合同，人民法院不因此认定合同无效。但违反国家限制经营、特许经营以及法律、行政法规禁止经营规定的除外。"这些规定都为扩大企业经营自主权提供了法律基础。一般认为，企业法人的民事权利能力和民事行为能力取决于经营范围。但是在司法实践中，逐渐放松了对超过经营范围的行为无效的限制，凡是当事人在民事活动中的约定不违反国家的法律、法规，不损害国家和社会公共利益的，对当事人均具有约束力。本案中，灯具公司销售三合板的行为虽然超出其经营范围，但三合板不是限制流通物，也不是专营专卖物资，故应当认定灯具公司与纤维板厂签订的三合板购销合同是有效的，灯具公司应该承担违约责任。

2. 法人的民事权利能力的开始和终止

《民法总则》第59条规定："法人的民事权利能力和民事行为能力，从法人成立时产生，到法人终止时消灭。"这一规则包括如下含义：

---

① 参见王利明：《民法总则研究》（第3版），中国人民大学出版社2018年版，第285页。

(1) 法人的民事权利能力从法人成立时产生。具体来说,营利法人从办理完毕核准登记手续,并依法领取营业执照之日起才能享有民事权利能力。事业单位法人和社会团体法人不需要办理法人登记的,从成立之日起,具有民事权利能力;依法需要办理法人登记的,从办理完毕核准登记手续之日起,具有民事权利能力。

(2) 法人的民事权利能力从法人终止时消灭,法人因依法被撤销、解散、依法宣告破产或其他原因而终止以后,其民事主体资格原则上就不复存在。法人在依法进行清算的阶段,其权利能力仍然是存在的,但是仅限于清算范围内的活动。

3. 设立中法人的权益保护

如果设立人已经开始了设立法人的行为,但法人尚未成立,此时法人不具有民事权利能力和民事行为能力,是否需要保护其权益呢? 从更好地保护法人权益的角度出发,对法人权益的保护有必要延伸至开始设立法人至法人成立之时这段期间。《民法总则》第 75 条第 1 款规定,"设立人为设立法人从事的民事活动,其法律后果由法人承受;法人未成立的,其法律后果由设立人承受,设立人为二人以上的,享有连带债权,承担连带债务。"可见,设立中法人的权益仍受法律保护,但以法人成功设立为条件。如果法人设立失败,法人自始不存在,自然无权利保护之说。如果法人设立成功,法人就可以主张其在设立过程中所享有的权利。

二、法人的民事行为能力

【案例】 魏荃泽是甲公司执行董事,法定代表人,与乙公司签订了 20 万元的原料采购合同并在合同上签名,盖上甲公司的印章。该批原材料被魏荃泽用到了丙公司的生产线上，丙公司是魏全泽的控股公司。

【问题】 乙公司的货款应该找谁要？

1. 法人的民事行为能力的概念

所谓法人的民事行为能力，是指法人作为民事权利主体，以自己的行为享受民事权利并承担民事义务的资格。法人和自然人一样，也享有民事行为能力，但是法人的民事行为能力与自然人的民事行为能力有以下不同之处：

第一，法人的民事行为能力和其民事权利能力在时间上是一致的。法人的民事行为能力始于法人成立、终于法人消灭，在法人存续期间始终存在。而自然人的民事行为能力受其年龄、健康状态等因素的影响，其具有民事权利能力不一定具有民事行为能力。

第二，法人的民事行为能力和其民事权利能力在范围上是一致的。也就是说，法人能够以自己的行为取得权利和承担义务的范围，不能超出它们的民事权利能力所限定的范围。

第三，法人的民事行为能力是以团体意思为前提的。法人作为一个统一的组织体，有自己的内部机构，能够产生并实现自己的意思，从而决定了法人具有民事行为能力。法人的民事行为能力是通过法人的机关来实现的。案例中的原材料采购合同是甲乙公司之间签订的，公司的民事行为能力通过法定代表人魏荃泽来实现，该合同的签订是合法有效的，应该由甲公司履行合同约定的付款义务。

2. 法人的侵权行为能力

与法人的民事行为能力相联系的是法人的侵权行为能力。所谓侵权行为能力是指承担因侵权行为所致的损害赔偿的责任能力，因此，也称为责任能力。

当代各国民法大多肯定了法人有侵权行为能力。《民法总则》第62条第1款规定："法定代表人因执行职务造成他人损害的，由法人承担民事责任。"这一规定明确了法人具有侵权行为能力。《侵权责任法》关于用工责任、产品责任、环境污染责任、高度危险责任、建筑物所有人或管理人的责任等的规定，实际上也肯定了法人具有侵权行为能力。

三、法人的法定代表人

【案例】 张公平为东方家居装修公司的法定代表人，一次在给陈某某家中维修电线线路时，不慎将陈某某家中书柜上价值9万元的一个花瓶打碎。

【问题】 张公平执行职务时给陈某某造成的损害由谁承担责任？

法人是一种具有民事主体资格的拟制法律人格，其重大事项决策、公司高层管理人员任免等是由法人的权力机构依据法人章程规定的议事规则作出的。决策事项由执行机构负责执行完成，而执行机构的总负责人即为法人的法定代表人。《民法总则》第61条第1款规定，依照法律或者法人章程的规定，代表法人从事民事活动的负责人，为法人的法定代表人。

法定代表人在法律规定或者法人章程规定或者其权力机构授权范围内所从事的活动，是以法人名义进行的，其体现的是法人意志，代表的是法人利益，法人是民事权利的享有者和民事义务的承担者。因此，《民法总则》第61条第2款规定，法定代表人以法人名义从事的民事活动，其法律后果由法人承受。法定代表人本人对其履行职务活动的后果不负责任。《民法总则》第 62 条第 1 款规定，法定代表人因执行职务造成他人损害的，由法人承担民事责任。案例中张公平执行职务时给陈某某造成的损害，陈某某可以要求东方家居装修公司承担赔偿责任，该公司无权拒绝。

《民法总则》第 62 条第 2 款规定，法人承担民事责任后，依照法律或者法人章程的规定，可以向有过错的法定代表人追偿。可见，法人承担民事责任后对有过错的法定代表人有追偿权。

四、法人的终止

【案例】 张公平、董敏法、梁一思每人出资 20 万元设立某某市悟空文化创意有限责任公司(以下简称悟空公司)陷入经营困境，业务收入几乎没有，但经营成本房租、人员工资确实是巨大支出，三位股东却没有更好的办法让公司起死回生。

【问题】 悟空公司该如何注销登记？

1. 法人终止的概念

法人终止，是指法人作为民事主体资格的消灭，即其依法丧失民事权利能力和民事行为能力。根据《民法总则》第 68 条规定，有下列原因之一的，法人终止：

(1) 法人解散。《民法总则》第 69 条规定，有下列情形之一的，法人解散：法人章程规定的存续期间届满或者法人章程规定的其他解散事由出现；法人的权力机构决议解散；因法人合并或者分立需要解散；法人依法被吊销营业执照、登记证书，被责令关闭或者被撤销；法律规定的其他情形。

(2) 法人被宣告破产。法人破产是指法人不能清偿到期债务，且其丧失民事责任能力即其资产不足以清偿全部债务或者明显缺乏清偿能力以及具有其他法定事由的情况下，经法人或者其债权人向人民法院申请启动破产还债程序，并通过对法人财产进行清算后依法处分和了结其债权、债务基础上，进行注销登记，终止其法人资格。对此，《民法总则》第 73 条规定，法人被宣告破产的，依法进行破产清算并完成法人注销登记时，法人终止。

(3) 法律规定的其他原因。因法人类型的多样性，不同类型的法人其民事主体资格终止的原因也不尽相同，除上述两种原因外，具备法律规定的其他终止原因的，法人依法终止。

2. 注销登记

根据《民法总则》第 68 条第 1 款规定，具有法定原因之一并依法完成清算、注销登记的，法人终止。该条第 2 款规定，法人终止，法律、行政法规规定须经有关机关批准的，依照其规定。因此，法人终止应当依法进行清算并履行注销登记手续，法律、行政法规规定须经有关机关批准的，应当履行审批手续。

《民法总则》第 70 条第 1 款规定，法人解散的，除合并或者分立的情形外，清算义务人应当及时组成清算组进行清算。法人的董事、理事等执行机构或者决策机构的成员为清算义务人。法律、行政法规另有规定的，依照其规定。可见，法人解散，依法应当进行清算的，应当由法人的董事、理事等执行机构或者决策机构的成员作为清算义务人及时组成清算组进行清算。

案例中悟空公司注销登记需要递交的材料：(1)《企业注销登记申请书》。(2)公司依照《公司法》作出解散的决议或者决定，人民法院的破产裁定、解散裁判文书，行政机关责令关闭或者公司被撤销的文件。(3)股东会、股东大会、一人有限责任公司的股东或者人民法院、公司批准机关备案、确认的清算报告。公司破产程序终结后办理注销登记的，不提交此项材料。提交人民法院关于破产程序终结的裁定书。(4)国有独资公司申请注销登记,还应当提交国有资产监督管理机构的决定。其中,国务院确定的重要的国有独资公司,还应当提交本级人民政府的批准文件复印件。(5)已领取纸质版营业执照的缴回营业执照正、副本。

第三节　从事经营活动并以分配利润为目的的组织——营利法人

一、营利法人的概念和类型

【案例】　张公平、董敏法、梁一思三人各出资 50 万元,设立一家贸易有限责任公司,从事木材销售业务。在经营过程中,由于木材市场不景气,贸易公司欠下 70 万元的债务,而公司的实有资产只有 50 万元。债权人要求贸易公司、张公平、董敏法、梁一思共同偿还 70 万元的债务。

【问题】　债权人可以要求贸易公司、张公平、董敏法、梁一思共同偿还债务吗?

1. 概念

我国《民法总则》独创了营利法人与非营利法人的分类,改变了大陆法系社团法人和财团法人的分类方法。此种分类有利于健全社会组织法人治理结构,并有利于加强对这类组织的引导和规范,促进社会治理创新。①

---

①　参见李适时主编:《中华人民共和国民法总则释义》,法律出版社 2017 年版,第 299 页。

根据《民法总则》第76条第1款规定，营利法人是以取得利润并分配给股东等出资人为目的成立的法人。除了具有法人的一般法律特征之外，其根本特征是具有营利性，即其设立的目的是取得利润并将利润分配给其股东。

2. 类型

根据《民法总则》第76条第2款规定，营利法人包括有限责任公司、股份有限公司和其他企业法人等。根据该规定，营利法人主要包括三大类型。

(1) 有限责任公司、股份有限公司。有限责任公司与股份有限公司是指依据公司法成立的公司。公司是企业法人，有独立的法人财产，享有法人财产权。股东设立公司的目的是获得回报，股东获取回报的权利体现为股东对公司的利润分配请求权。案例中债权人只能要求贸易有限责任公司承担债务。

(2) 其他企业法人。其他企业法人是指有限责任公司、股份有限责任公司之外的企业法人，包括全民所有制企业、城镇集体所有制企业、农村集体所有者的乡镇企业、外资企业等。

(3) 其他营利法人。其他营利法人是指非企业营利法人，如营利性民办学校。根据最新的民办教育促进法，民办学校举办者可以取得合理回报，民办学校存在营利性民办学校和非营利性民办学校，营利性民办学校属于营利法人。

根据《公司法》的有关规定，有限责任公司(简称有限公司)，是指公司股东以其认缴的出资额为限对公司承担责任，公司以其全部财产对公司的债务承担责任的企业法人。

股份有限公司(简称股份公司)，是指公司的股东以其认购的股份为限对公司承担责任，公司以其全部财产对公司的债务承担责任的企业法人。

二、营利法人的设立

【案例】 甲有限责任公司成立于2015年4月，注册资本为1 000万元，张公平是股东之一，持有40%的股权。张公平已实缴其出资的30%，剩余出资按公司章程规定，应在2018年5月缴足。2016年12月，张公平以其所持甲公司股权的60%作为出资，评估作价为200万元，与唐某共同设立乙公司。

【问题】 假如到2018年5月张公平不缴纳其对甲公司的剩余出资，则甲公司是否有权要求其履行？

1. 营利法人的设立

(1) 公司的设立。根据《公司法》第6条第1款，有限责任公司与股份有限公司采准则主义。《公司法》第23条和第76条分别规定了有限责任公司与股份有限公司设立的一般条件。根据《公司法》第6条第2款，一些公司的设立采许可主义，设立前需办理批准手续，至于哪些公司的设立需要办理批准手续，应由法律、行政法规进行规定。

(2) 其他企业法人的设立。其他企业法人包括全民所有制企业、城镇集体所有制企业、农村集体所有者的乡镇企业、三资企业等。根据《企业法人登记管理条例》第2条和《外商投资法》第30条规定，全民所有制企业，集体所有制企业，联营企业，在中华人民共和国境内设立的中外合资经营企业、中外合作经营企业和外资企业的设立需要经主管部门或有关审批机关批准，该部分法人的设立属于行政许可主义。

(3) 其他营利法人的设立。根据《民办教育促进法》第12条，举办民办学校，需要经有关部门的审批，故无论是营利性民办学校还是非营利性民办学校,其设立均采行政许可主义。

2. 公司的设立的条件

有限责任公司的设立的条件包括:(1)应当具有符合法定人数的股东。除了国有独资公司这种特殊形式的有限责任公司和一人有限责任公司外,有限责任公司应当由2人以上50人以下股东出资设立。有限责任公司的股东可以是自然人,也可以是法人。(2)有符合公司章程规定的全体股东认缴的出资额。(3)股东共同制定公司章程。(4)有公司名称,建立符合有限责任公司要求的组织机构。(5)有公司住所。案例中2018年5月张公平不缴纳其对甲公司的剩余出资,则甲公司有权要求其履行出资义务。

股份有限公司的设立应当具备以下条件:(1)发起人符合法定人数。设立股份有限公司,应当有2人以上200人以下为发起人,其中须有半数以上的发起人在中国境内有住所。(2)有符合公司章程规定的全体发起人认购的股本总额或者募集的实收股本总额。(3)股份发行、筹办事项符合法律规定。(4)发起人制订公司章程,采用募集方式设立的经创立大会通过。(5)有公司名称,建立符合股份有限公司要求的组织机构。(6)有公司住所。

3. 营利法人经依法登记成立

《民法总则》第77条规定,营利法人经依法登记成立。可见,营利法人的设立依法进行登记是其成立的必经程序。对此,《公司法》第6条第1款也明确规定,设立公司,应当依法向公司登记机关申请设立登记。《公司法》第6条第2款规定,法律、行政法规规定设立公司必须报经批准的,应当在公司登记前依法办理批准手续。总之,对于法律、行政法规规定设立公司必须报经批准的或者拟设立的公司的经营范围中属于法律、行政法规规定须经批准的项目的,拟设立公司的股东应当在公司登记前依法办理批准手续和向公司登记机关递交有关批准文件。对于经批准设立公司的,应当在规定的期限内申请设立登记。

《民法总则》第78条规定,依法设立的营利法人,由登记机关发给营利法人营业执照。营业执照签发日期为营利法人的成立日期。营业执照是营利法人具有法人资格的书面凭证,自营业执照签发日营利法人开始取得法人资格即民事主体资格,营利法人自该日起即可开始从事经营活动。

三、营利法人的组织机构

【案例】 龙堂股份公司效益一直不错,为提升公司治理现代化,增强市场竞争力并顺利上市,公司决定重金聘请知名职业经理人董敏法担任总经理。他受聘总经理后,就其职权范围的事项,有权以公司名义对外签订合同。

【问题】 对董敏法的聘任以及具体的薪酬,应由公司哪个机构决定?

根据我国《公司法》规定,公司法人包括股份有限公司和有限责任公司,其机关由股东(大)会、董事会、监事会构成。股东大会为最高权力机构;董事会为执行机构,对股东(大)会负责,非由职工代表担任的董事会成员由股东(大)会选举或更换;监事会为监督机关,非由职工代表担任的监事会成员由股东(大)会选举和更换。除公司法人,营利法人还有其他企业法人形式,如具有法人资格的国有企业、集体所有制企业等。目前,绝大部分国有企业、集体企业已经进行了公司改制,但仍有部分未进行改制。另外,还有合作社法人,它是社员在平等互助的基础上,以共同经营方法，谋求社会经济利益与自身生活改善的法人组织。①

1. 权力机构及其职权

《民法总则》第80条第1款规定，营利法人应当设权力机构。营利法人的权力机构，是指由营利法人的全部股东组成的股东会或股东大会作为营利法人的最高意思决定机关，行使营利法人的最高决策权。营利法人的权力机关是依法设立的作为营利法人的非常设权力机构，其行使职权和进行决策的方式主要是通过召开股东会或股东大会会议及其临时会议进行的。因此，营利法人的章程中应当依法载明股东会或股东大会的议事规则。具体而言，股东会是作为营利法人的有限责任公司必设的非常设权力机构，由全体股东组成。股东大会是作为营利法人的股份有限公司必设的非常设权力机构，由全体股东组成。股份有限公司以发起方式设立的，股东大会的股东由全体发起人构成；以募集方式设立的，股东大会的股东由发起人和购买公司股份的认购人构成。

2. 执行机构及其职权

营利法人的权力机构应当具有相应的决策权和法人章程规定的其他职权。对此，《民法总则》第80条第2款作了概括性规定，即权力机构行使修改法人章程，选举或者更换执行机构、监督机构成员，以及法人章程规定的其他职权。《公司法》第37条第1款规定，股东会行使下列职权：决定公司的经营方针和投资计划；选举和更换非由职工代表担任的董事、监事，决定有关董事、监事的报酬事项；审议批准董事会的报告；审议批准监事会或者监事的报告；审议批准公司的年度财务预算方案、决算方案；审议批准公司的利润分配方案和弥补亏损方案；对公司增加或者减少注册资本作出决议；对发行公司债券作出决议；对公司合并、分立、解

① 龙卫球：《民法总论》(第2版)，中国法制出版社2002年版，第338页。

散、清算或者变更公司形式作出决议；修改公司章程；公司章程规定的其他职权。《公司法》第 99 条规定，本法第 37 条第 1 款关于有限责任公司股东会职权的规定，适用于股份有限公司股东大会。

营利法人的执行机构，是营利法人依法设立的对其权力机构所作决策事项负责贯彻执行的机构。具体来说，设董事会的有限责任公司，董事会是由股东会选举产生的董事组成的、为公司常设的业务执行和经营决策机构。有限责任公司设董事会，其成员为 3—13 人。董事会设董事长 1 人。但是，股东人数较少或者规模较小的有限责任公司，可以设 1 名执行董事，不设董事会。董事会或者执行董事在公司业务执行中，应当按照公司章程规定的议事方式和表决程序即议事规则进行。股份有限公司设董事会，其成员为 5—19 人。根据《公司法》第 13 条规定，公司法定代表人依照公司章程的规定，由董事长、执行董事或者经理担任。其中，经理是由董事会决定聘任的主持公司的具体日常经营管理工作的执行人，其负责落实董事会的公司经营和业务决策。对此，《民法总则》第 81 条第 3 款也明确规定，执行机构为董事会或者执行董事的，董事长、执行董事或者经理按照法人章程的规定担任法定代表人；未设董事会或者执行董事的，法人章程规定的主要负责人为其执行机构和法定代表人。

执行机构是营利法人的决策执行机构，是由权力机构选举产生的，对营利法人的权力机构负责。因此，《民法总则》第 81 条第 2 款规定，执行机构行使召集权力机构会议，决定法人的经营计划和投资方案，决定法人内部管理机构的设置，以及法人章程规定的其他职权。作为营利法人的有限责任公司和股份有限公司，其执行机构即董事会、执行董事具体依照《公司法》的有关规定行使职权。根据《公司法》的规定，董事会行使下列职权：召集股东会会议，并向股东会报告工作；执行股东会的决议；决定公司的经营计划和投资方案；制订公司的年度财务预算方案、决算方案；制订公司的利润分配方案和弥补亏损方案；制订公司增加或者减少注册资本以及发行公司债券的方案；制订公司合并、分立、变更公司形式、解散的方案；决定公司内部管理机构的设置；决定聘任或者解聘公司经理及其报酬事项，并根据经理的提名决定聘任或者解聘公司副经理、财务负责人及其报酬事项；制定公司的基本管理制度；公司章程规定的其他职权。根据《公司法》第 108 条第 4 款规定，本法第 46 条关于有限责任公司董事会职权的规定，适用于股份有限公司董事会。案例中对董敏法的聘任以及具体的薪酬，应由公司董事会决定。

3. 监督机构及其职权

营利法人的监督机构，是营利法人依法设立的行使检查法人财务，履行监督执行机构成员、高级管理人员执行法人职务行为等监督职能的机构。具体来说，营利法人的监督机构为监事会。监事会为股份有限公司和经营规模较大的有限责任公司的常设监督机构，对股东大会或股东会负责。

根据《公司法》第 51 条规定，有限责任公司设监事会，其成员不得少于 3 人。股东人数较少或者规模较小的有限责任公司，可以设 1—2 名监事，不设监事会。监事会应当包括股东代表和适当比例的公司职工代表，其中职工代表的比例不得低于三分之一，具体比例由公司章程规定。监事会中的职工代表由公司职工通过职工代表大会、职工大会或者其他形式民主选举产生。监事会设主席 1 人，由全体监事过半数选举产生。根据《公司法》第 117 条规定，股份有限公司设监事会，其成员不得少于 3 人。监事会应当包括股东代表和适当比例的公司职工代表，其中职工代表的比例不得低于三分之一，具体比例由公司章程规定。

根据《民法总则》第 82 条规定，营利法人设监事会或者监事等监督机构的，监督机构依法行使检查法人财务，监督执行机构成员、高级管理人员执行法人职务的行为，以及法人章程规定的其他职权。《公司法》第 53 条规定，监事会、不设监事会的公司的监事行使下列职权：(1)检查公司财务；(2)对董事、高级管理人员执行公司职务的行为进行监督，对违反法律、行政法规、公司章程或者股东会决议的董事、高级管理人员提出罢免的建议；(3)当董事、高级管理人员的行为损害公司的利益时，要求董事、高级管理人员予以纠正；(4)提议召开临时股东会会议，在董事会不履行本法规定的召集和主持股东会会议职责时召集和主持股东会会议；(5)向股东会会议提出提案；(6)依照本法第 151 条的规定，对董事、高级管理人员提起诉讼；(7)公司章程规定的其他职权。《公司法》第 54 条规定，监事可以列席董事会会议，并对董事会决议事项提出质询或者建议。监事会、不设监事会的公司的监事发现公司经营情况异常，可以进行调查；必要时，可以聘请会计师事务所等协助其工作，费用由公司承担。《公司法》第 118 条规定，本法第 53 条、第 54 条关于有限责任公司监事会职权的规定，适用于股份有限公司监事会。监事会行使职权主要是通过召开定期会议或临时会议来进行的，因此，在公司章程中应当将召开定期会议的时间、召开临时会议的情形及议事方式和表决程序等议事规则作出明确规定。

四、营利法人的特殊规定

【案例】 大盛公司的两个股东是甲公司和乙公司。甲公司持股 70%并派员担任董事长，乙公司持股 30%。后甲公司将大盛公司的资产全部用于甲公司的一个大型投资项目，待债权人丙公司要求大盛公司偿还货款时，发现大盛公司的资产不足以清偿。

【问题】 大盛公司债权人丙公司可以要求甲公司承担责任吗？

1. 不得滥用出资人权利

(1) 滥用出资人权利损害法人或者其他出资人利益

《民法总则》第 83 条第 1 款规定："营利法人的出资人滥用出资人权利损害法人或者其他出资人的利益。滥用出资人权利给法人或者其他出资人造成损失的，应当依法承担民事责任。"该条主要针对的是出资人滥用出资人权利损害法人或者其他出资人的利益的现象。案例中，大股东掏空公司财产并将之移转至新设立的公司，进而损害公司债权人及其他出资人的利益，需要承担责任，因此大盛公司债权人丙公司可以要求甲公司承担责任。

原则上，在滥用股东权利的情形下，遭受损害的法人和其他出资人有权向滥用权利的出资人请求承担损害赔偿责任。至于公司债权人如果因此遭受损害，则可以通过法人人格否认制度主张权利，而不宜直接根据本条请求出资人承担损害赔偿责任。

(2) 法人人格否认

《民法总则》第 83 条第 2 款规定："营利法人的出资人不得滥用法人独立地位和出资人有限责任损害法人的债权人利益。滥用法人独立地位和出资人有限责任，逃避债务，严重损害法人的债权人利益的，应当对法人债务承担连带责任。"在这种情况下，可以突破法人独立人格，让其成员承担法人的责任，这就是法人人格否认或者称为"揭开公司面纱"的理论。①《民法总则》总结《公

① 苏号朋：《民法总论》，法律出版社 2006 年版，第 139 页。

司法》的经验，在营利法人中作出此规定，这就扩大了其适用范围，从而可以适用于非公司的营利法人。案例中的甲公司对丙公司应承担连带责任。

所谓法人人格否认制度，就是指司法审判人员在特殊情况下，对公司的股东特别是董事在管理公司的事务中从事各种不正当行为严重损害公司债权人的利益时，应当不考虑公司的独立人格，而要求公司的股东与公司对债权人承担连带责任的制度。

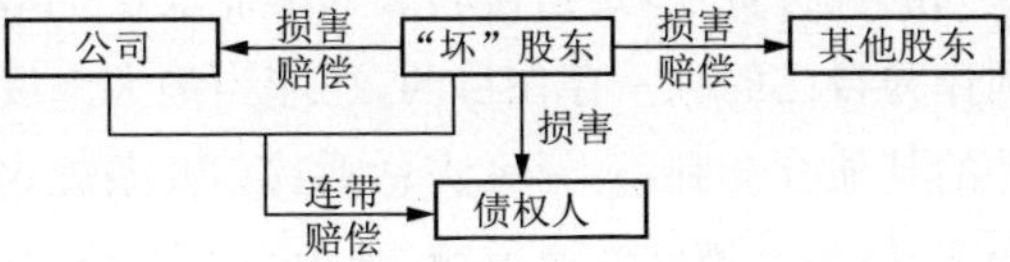

《民法总则》第 83 条第 2 款中的所谓连带责任，是指法人和出资人对法人债务负连带的清偿责任。因此，不论法人对债权人的债务是否超出出资人的出资额，出资人都要负责。这种责任可以看成是出资人有限责任的例外。

2. 不得进行不当的关联交易

《民法总则》第 84 条规定：“营利法人的控股出资人、实际控制人、董事、监事、高级管理人员不得利用其关联关系损害法人的利益。利用关联关系给法人造成损失的，应当承担赔偿责任。”

3. 决议的撤销

《民法总则》第 85 条规定：“营利法人的权力机构、执行机构作出决议的会议召集程序、表决方式违反法律、行政法规、法人章程，或者决议内容违反法人章程的，营利法人的出资人可以请求人民法院撤销该决议，但是营利法人依据该决议与善意相对人形成的民事法律关系不受影响。”营利法人的权力机构和执行机构都可以作出决议，但是，如果决议行为的程序或内容违反了法律或者章程的规定，出资人可以请求撤销该决议。从广义上来说，这属于可撤销法律行为的一种类型。

为了维护交易安全，本条特别规定，营利法人依据该决议与善意相对人形成的民事法律关系不受影响。例如，公司董事会超出章程的授权，作出与第三人订立数额巨大的购买合同的决议，如果第三人是善意的且无过失的，即使这一决议嗣后被撤销，买卖合同仍然应当有效。

4. 营利法人的社会责任

营利法人的社会责任，是指营利法人不能仅仅把最大限度地为股东营利作为自己的唯一存在目的，还应当最大限度地增进股东利益之外的其他社会利益。《民法总则》第 86 条规定："营利法人从事经营活动，应当遵守商业道德，维护交易安全，接受政府和社会的监督，承担社会责任。"这就在法律上明确了营利法人的社会责任。

第四节　为公益目的或者其他非营利目的的组织——非营利法人

一、非营利法人的概念

【案例】　2015 年 8 月 13 日，中国环境保护与绿色发展基金会（以下简称绿发会）向宁夏回族自治区中卫市中级人民法院提起诉讼称：宁夏瑞泰科技股份有限公司（以下简称瑞泰公司）在生产过程中违规将超标废水直接排入蒸发池，造成腾格里沙漠严重污染，截至起诉时仍然没有整改完毕。请求判令瑞泰公司：(1)停止非法污染环境行为；(2)对造成环境污染的危险予以消除；(3)恢复生态环境或者成立沙漠环境修复专项基金并委托具有资质的第三方进行修复;(4)针对第二项和第三项诉讼请求,由法院组织原告、技术专家、法律专家、人大代表、政协委员共同验收;(5)赔偿环境修复前生态功能损失;(6)在全国性媒体上公开赔礼道歉等。

绿发会向法院提交了基金会法人登记证书,显示绿发会是在中华人民共和国民政部登记的基金会法人。绿发会提交的2010年至2014年度检查证明材料,显示其在提起本案公益诉讼前五年年检合格。绿发会亦提交了五年内未因从事业务活动违反法律、法规的规定而受到行政、刑事处罚的无违法记录声明。此外,绿发会章程规定,其宗旨为"广泛动员全社会关心和支持生物多样性保护和绿色发展事业,保护国家战略资源,促进生态文明建设和人与自然和谐,构建人类美好家园"。在案件的一审、二审及再审期间,绿发会向法院提交了其自1985年成立至今,一直实际从事包括举办环境保护研讨会、组织生态考察、开展环境保护宣传教育、提起环境民事公益诉讼等活动的相关证据材料。

【问题】 《民事诉讼法》第55条规定了环境民事公益诉讼制度,明确法律规定的机关和有关组织可以提起环境公益诉讼。绿发会应否认定为专门从事环境保护公益活动的社会组织?

《民法总则》第87条第1款规定:"为公益目的或者其他非营利目的成立,不向出资人、设立人或者会员分配所取得利润的法人,为非营利法人。"非营利法人与营利法人相对应,其包括事业单位法人、社会团体法人、基金会、社会服务机构等。

非营利法人既包括面向社会大众,以满足不特定多数人的利益为目的的公益法人,如中华慈善总会、中国红十字会、环境保护协会、保护妇女儿童组织、各类基金会等,也包括为其他非营利目的成立的法人,比如为互助互益目的(既非为公益又非为成员的经济利益，而是为成员的非经济利益）而成立的互益性法人（又称为共益性法人），仅面向成员提供服务，如商会、行业协会、学会、俱乐部等。

相对于营利法人，非营利法人具有如下特征：第一，不向出资人、设立人或者会员分配利润。营利法人所取得的利润可以分配给其出资人、设立人或者会员，例如，上市公司可以向其股东分红。而非营利法人则不允许进行此种利润分配。第二，基于公益目的而设立。营利法人是基于私益的目的而设立，通常都是为了设立人或成员的利益而设立的，例如，公司的设立就是为了股东获得利润。而非营利法人的设立目的是公益目的。案例中绿发会章程中明确规定，其宗旨中“促进生态文明建设”“人与自然和谐”“构建人类美好家园”等内容契合绿色发展理念，亦与环境保护密切相关，属于维护环境公共利益的范畴。故应认定绿发会的宗旨和业务范围包含维护环境公共利益内容。第三，组织机构具有特殊性。营利法人都有成员，因此，其组织机构中应当包含成员大会。而就非营利法人而言，除了社会团体法人以外，其他类型的非营利法人并不设立成员大会。第四，终止后剩余财产的分配具有特殊性。为其他目的设立的非营利法人可以分配剩余财产，但为公益目的设立的非营利法人不得分配剩余财产。

二、事业单位法人

【案例】 事业单位如果按照社会功能来分主要有三类：(1)承担行政职能的事业单位，如渔政（渔港）监督管理、海事和航运管理（港口管理）、公路行政管理、道路运输管理、动物卫生监督、移民管理、文物管理。改革目标是承担行政职能的事业单位，要将其承担的行政职能剥离出来，划归相应的行政机关职能，今后也不再设立承担行政职能的事业单位。不再设立承担行政职能的事业单位。(2)从事生产经营类的事业单位。如非时政类报刊、一般文艺院团、影剧院、影视音像制作销售、演出中介、新闻媒体的印刷广告发行传输等经营部门、电影制片厂等。到2020年，这一部分事业单位将彻底转变为企业，原有职工也会转为签订劳动合同管理，不再是原有的事业单位聘用合同，也就是传统意义上的失去编制。(3)从事公益服务的事业单位，如义务教育机构、特殊教育学校、疾病(疫病)预防控制、妇幼保健、精神卫生、应急救治机构、公共图书馆、档案馆、博物馆、纪念馆(烈士陵园)、社会福利机构等。

【问题】 事业单位改革是当下的改革重点，未来哪些机构还属于事业单位？如何理解事业单位的公益性质？

1. 事业单位法人的概念与特征

所谓事业单位法人，是以社会公益为目的，从事非营利性的社会各项公益事业的法人，如从事教育、科技、文化、卫生等事业的法人。根据职责任务、服务对象和资源配置方式等情况，将从事公益服务的事业单位细分为两类：承担义务教育、基础性科研、公共文化、公共卫生及基层的基本医疗服务等基本公益服务，不能或不宜由市场配置资源的，划入公益一类；承担高等教育、非营利医疗等公益服务，可部分由市场配置资源的，划入公益二类。根据中央关于分类推进事业单位改革的指导意见，我国事业单位改革的目标是将承担行政职能和从事生产经营活动的事业单位从事业单位法人中剥离出去，而从事公益服务的事业单位仍将保留在事业单位序列中长期存在。事业单位改革方向图示如下：

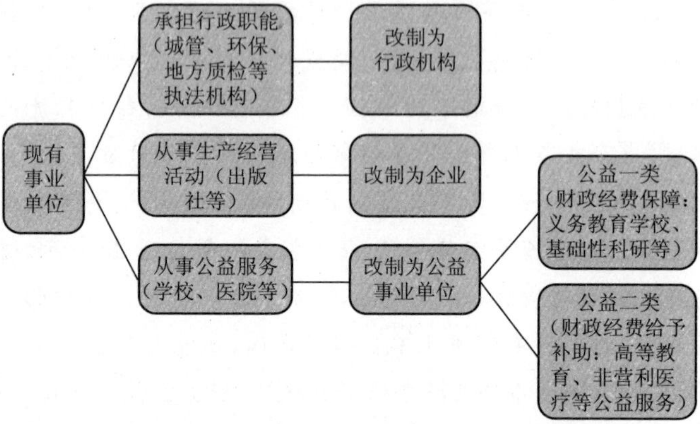

事业单位法人的特征是：第一，设立的目的具有公益性，是完全为了实现公益目的而设立事业单位法人；第二，事业单位法人的设立人，通常是国家机关或者其他组织，通常是用国有资产出资；第三，从事的活动通常是教育、科技、文化、卫生等公共事业，活动的方式是进行社会服务；第四，性质属于非营利法人，事业单位法人符合法人条件，不具有私益性，不取得利润，也不向其设立人分配利润。

2. 事业单位法人经依法登记成立

事业单位应当依法成立。根据《民法总则》第 88 条的规定，事业单位法人的设立要区分为两种形式。

第一，需要办理登记的事业单位。从实践来看，多数事业单位都应当办理登记。根据《事业单位登记管理暂行条例》第 3 条第 1 款的规定："事业单位经县级以上各级人民政府及其有关主管部门（以下统称审批机关）批准成立后，应当依照本条例的规定登记或者备案。"对需要办理登记的事业单位法人，经依法登记成立，取得事业单位法人资格。也就是说，此类事业单位法人资格的取得以登记为要件，在审批机关批准并登记或备案后，方才能够取得法人资格。

第二，不需要办理登记的事业单位。在例外情况下，法律允许事业单位不办理登记。例如，证监会等参照公务员管理的事业单位，都不需要办理登记。对不需要办理登记的事业单位法人，从成立之日起，具有事业单位法人资格。也就是说，此类事业单位法人资格的取得不以登记为要件，法人资格取得与否的判断标准是其是否已经成立。

3. 事业单位的法定代表人和组织机构

《民法总则》第 89 条第 1 款规定："事业单位法人设理事会的，除法律另有规定外，理事会为其决策机构。"因为事业单位并非社团法人，其也没有成员，因此，事业单位法人不可能设立成员大会，而应当设立理事会。在我国，目前正在推行事业单位改革，实行"政事分开"，理顺政府与事业单位的关系，事业单位也要建立健全法人治理结构。因而，事业单位要建立理事会，健全决策机制，提高运行效率，确保公益目标的实现。

理事会是事业单位法人的决策机构，其享有法律法规和章程规定的权限。一般而言，理事会的权限包括确定事业单位的发展目标、制订事业单位的章程、制订事业单位的发展规划、决定事业单位重大的事项、推荐或决定事业单位的法定代表人、确定事业单位的内部管理机构等。

理事会不仅要吸纳事业单位内部的人员参与决策，还要吸纳外部人员参与决策。除了理事会以外，还应当明确管理层的权限，制订事业单位的章程，依据章程管理事业单位。例如，在我国，不少公立高校都设立了大学章程，同时也设立了理事会，校长等管理者都应当依据理事会决定和大学章程，进行学校的管理。

法定代表人是法人的代表机关。事业单位法人作为法人的一种类型,其也需要法定代表人。法定代表人的行为就是法人的行为,其后果由法人承担。法定代表人的选定要依据法律、行政法规或者法人章程确定,同时,其职权也依照法律、行政法规或者法人章程的规定来确定。

三、社会团体法人

【案例】 原告洪泽县中小企业应急资金互助会(以下简称中小企业资金互助会)因与被告洪泽县富泉管材有限公司(以下简称富泉管材公司)、洪泽县砚台水利投资有限公司(以下简称砚台投资公司)企业借款合同纠纷一案,向洪泽县人民法院提起诉讼。

原告中小企业资金互助会诉称:2014 年 9 月 22 日,原告与被告富泉管材公司签订一份资金短期周转拆借协议,约定由原告借给被告富泉管材公司 330 万元用于偿还被告在银行的贷款,借款期限为 5 天,借款期内利息为日万分之十五,约定贷款重新发放后优先归还原告的借款,如逾期按日万分之十计算利息。另外,还约定由被告砚台投资公司承担担保责任。原告按照协议约定将 330 万元交付被告富泉管材公司,但富泉管材公司至今未能还款。现请求判令两被告共同偿还借款 330 万元及利息(从 2014 年 9 月 28 日起按银行同期贷款利率的四倍计算至还款之日)。

【问题】 原告中小企业资金互助会是什么性质的法人?能否有权向非会员企业发放贷款?

1. 社会团体法人的概念和特征

社会团体法人,是指中国公民自愿组成,为实现会员共同意愿,按照其章程开展活动的非营利性社会组织。

社会团体法人的特征是:第一,设立的目的具有公益性或者团体性,是为了实现公益目的或者会员的共同利益而设立,这些目的都不具有营利性;第二,社会团体法人的设立是基于会员的共同意愿,经过发起人发起,会员集资形成法人的财产;第三,从事的活动比较广泛,既有公益性活动,也有基于会员共同利益进行的活动;第四,性质属于非营利法人,须符合法人条件,不得进行商业经营活动,不得获取经营利益。

案例中原告中小企业资金互助会系在民政部门登记的社会团体法人,是洪泽县人民政府去苏南考察后引进的融资新模式,主要职能是为会员企业提供过桥资金,过桥资金来自县财政出资和入会企业出资,业务范围为帮助企业防范和化解资金周转的风险与困难,保障中小企业持续健康发展。另外,该中小企业资金互助会章程规定,资金服务的对象原则上为会员企业,经营状况良好的非会员企业需要资金应急的,只要提供有效的担保手续可以借资。本案中,被告富泉管材公司并非原告中小企业资金互助会的会员。中小企业资金互助会不能向非会员企业发放贷款。

社会团体法人在从事民事活动中所形成的债务,应由社会团体法人以自己的财产清偿,社会团体法人的设立人和成员不必对社会团体法人的债务负责。

2. 社会团体法人的设立

如前所述,基于会员的共同意愿设立。依据《社会团体登记管理条例》第 3 条第 1 款的规定,"成立社会团体,应当经其业务主管单位审查同意,并依照本条例的规定进行登记"。据此,申请成立社团还应当取得业务主管单位的同意。

依据《民法总则》第 90 条的规定,社会团体需要登记的,"经依法登记成立,取得社会团体法人资格;依法不需要办理法人登记的,从成立之日起,具有社会团体法人资格"。社会团体法人包括依法登记成立的，也包括依法不需要登记即可以成立的。依法登记的，自登记时成立并取得社会团体法人资格；依法不需要办理法人登记的，从成立之日起，具有社会团体法人资格。

根据《社会团体登记管理条例》规定，免予办理社会团体登记的包括：(1)参加中国人民政治协商会议的人民团体；(2)由国务院机构编制管理机关核定，并经国务院批准免予登记的团体；(3)机关、团体、企业事业单位内部经本单位批准成立、在本单位内部活动的团体等。

3. 社会团体法人的组织机构

(1) 权力机构。社会团体法人的权力机构可以是会员大会或者会员代表大会。一般而言，社会团体法人的权力机构，可以享有修改法人章程、决定执行机构成员、决定法定代表人以及法人章程规定的其他职权。

(2) 执行机构。社会团体法人可以将理事会作为执行机构，也可以将其他机构作为执行机构，具体选择因各社会团体法人的内部治理结构而有所不同。

社会团体也应当有法定代表人，法定代表人就是代表社会团体法人从事民事活动的人。法定代表人可以依据章程确定，由理事长或者会长等负责人按照法人章程的规定担任。社会团体法人的法定代表人不得同时担任其他社会团体的法定代表人。需要指出的是，《民法总则》对社会团体法人的监督机构的设置并没有作出规定，是否设立由社会团体法人根据其章程而定。

四、捐助法人和宗教场所法人

【案例】 2010 年 5 月 17 日，甲公司(甲方)与乙公司(乙方)

签订捐赠协议一份，该协议载明，为支持某大学教育事业发展，甲公司自愿向乙公司捐赠人民币1 000万元，捐赠用途为“支持某大学建立‘某大学金庭西校区’，相关合作协议已签署”；捐赠资金到账时间为2010年5月18日前；乙公司应按约定使用捐赠资金，甲公司有权查询捐赠资金的使用、管理情况，并提出意见和建议；甲公司享有《乙公司捐赠管理条例》规定的所有权利。甲公司、乙公司在该捐赠协议上加盖公章。2010年6月3日，甲公司将1 000万元捐款汇入捐赠协议中指定的乙公司账户。2011年11月，案外人某大学向甲公司发出公函，认为甲公司未按双方签订的《合作建设某大学金庭校区协议》及其附件履行义务，要求甲公司按照协议精神加速推进金庭校区的建设。现该项目因客观原因而无法实施，甲公司请求撤销捐赠协议。

【问题】 甲公司能否请求撤销捐赠协议？

1. 捐助法人

捐助法人，是指具备法人条件，为实现公益目的，以捐助财产设立的基金会、社会服务机构等非营利性法人。捐助法人只能服务于公益目的，且须以设立登记作为捐助法人资格取得的必备条件。

捐助法人具有如下特征：

第一，具有非营利性。依据《民法总则》第92条第1款的规定，捐助法人的设立必须是为了“公益目的”。捐助法人也可能从事一定的经营活动（如寺庙可以收取门票），但其不能将利润分配给捐助人。

第二，财产的集合体。捐助法人属于典型的财团法人，它是财产的集合体，是以财产的集合为基础的法人。其财产既不是其成员的出资或者交纳的会费，也不是源于政府拨款，而是源于民间捐赠和捐助。[①]例如，基金会就是由各类组织以及个人自愿的捐赠所形成的。这些自愿捐赠的资金脱离了捐助人之后，具有独立性，所有权也从原捐助人转移至捐助法人，为该法人所享有。

第三，没有成员或会员。捐助法人以财产集合为中心，并没有自己的成员或会员，捐助法人的管理者的变动不应当影响到捐助法人的存在。捐助人并不是捐助法人的成员，而且捐助人也并不当然会成为捐助法人的管理人员。

捐助法人也没有意思机关，即没有像社团法人那样的意思形成机关(成员大会)。捐助法人依据法人章程的规定进行运作，而且法人理事会等管理机构都不得改变基金会章程。

第四，必须登记设立。与其他类型的非营利法人不同，捐助法人都必须经过登记设立，在这一点上，捐助法人与事业单位法人等非营利法人不同，因为所有的捐助法人都必须登记成立，这也是为了规范捐助法人的设立，强化对捐助法人的监督。[②]

捐助法人的具体类型主要包括：(1)基金会。根据《基金会管理条例》第 2 条规定，基金会是指利用自然人、法人或者其他组织捐赠的财产，以从事公益事业为目的，按照本条例的规定成立的非营利性法人。我国典型的基金会，如中国残疾人基金会、茅盾文学奖基金会、宋庆龄儿童基金会等，其性质都是这种捐助法人。(2)社会服务机构。非营利性民办学校、民办医院、民办养老院、民办博物馆、民办社会工作机构等组织，都是社会服务机构。

捐助人就是向捐助法人无偿实施捐助行为的主体。捐助人

---

① 参见杨立新：《中国民法总则研究》，中国人民大学出版社 2017 年版，第 455 页。

② 参见王利明：《民法总则研究》(第 3 版)，中国人民大学出版社 2018 年版，第 343—344 页。

可以是自然人,也可以是法人。一个人可以实施多次捐助行为。在捐助法人设立之后,捐助法人和捐助人本身是两个不同的主体,但在捐助法人的设立过程中,捐助人可以通过章程表达自己的意志。[①]为了保证捐助法人的规范运行,使捐助法人能够贯彻捐助人的意志,捐助人应当享有一些权利。《民法总则》赋予了捐助人如下两项权利:

第一,查询捐助财产的使用、管理情况。毕竟捐助法人是捐助人出资设立的,为了避免捐助财产的使用和管理违反捐助人事先确定的目的,捐助人有权了解财产的使用和管理情况。

第二,有权提出意见和建议,以使得捐助财产的使用更符合捐助人事先确定的目的。《民法总则》第 94 条第 2 款规定:“捐助法人的决策机构、执行机构或者法定代表人作出决定的程序违反法律、行政法规、法人章程,或者决定内容违反法人章程的,捐助人等利害关系人或者主管机关可以请求人民法院撤销该决定,但是捐助法人依据该决定与善意相对人形成的民事法律关系不受影响。”

案例中甲公司要求撤销捐赠协议、返还捐赠款并支付利息的诉讼请求没有法律依据。《公益事业捐赠法》第 18 条规定,受赠人与捐赠人订立了捐赠协议的,应当按照协议约定的用途使用捐赠财产。《基金会管理条例》第 27 条和第 39 条规定,捐赠协议明确了具体使用方式的捐赠,根据捐赠协议约定使用;基金会违反协议使用捐赠财产的,捐赠人有权要求基金会遵守捐赠协议或者向人民法院申请撤销捐赠行为,解除捐赠协议。根据上述规定,甲公司亦未向法院提供充分证据证明某大学基金会未按约定使用捐赠从而导致捐赠协议应予撤销。

---

① 参见胡岩:《财团法人之研究》,中国政法大学出版社 2013 年版,第 112 页。

2. 宗教活动场所法人

宗教活动场所法人，是指取得捐助法人资格的宗教活动场所。《民法总则》第 92 条第 2 款规定："依法设立的宗教活动场所，具备法人条件的，可以申请法人登记，取得捐助法人资格。法律、行政法规对宗教活动场所有规定的，依照其规定。"这就在法律上确立了宗教场所的法人资格。依据《宗教事务条例》第 12 条第 1 款的规定，信教公民的集体宗教活动，一般应当在经登记的宗教活动场所（寺院、宫观、清真寺、教堂以及其他固定宗教活动处所）内举行。

宗教场所法人和宗教团体不同。宗教团体在性质上属于社会团体，依法需要在民政部门登记，全国性的宗教团体包括佛教协会、道教协会、伊斯兰教协会、天主教爱国会、基督教三自爱国运动委员会等。设立宗教场所通常要由宗教团体提出申请，与宗教团体相关的制度，宗教场所法人也应当遵循。但是，宗教团体与宗教场所彼此独立、互不隶属，在宗教场所取得独立法人资格后，便可以独立主体身份参与民事活动。①

① 参见王利明：《民法总则研究》（第 3 版），中国人民大学出版社 2018 年版，第 350—351 页。

第四章　意思自治与权利变动
——民事法律行为制度

第一节　私法自治的工具
——法律行为制度的含义与功能

一、民事法律行为的概念特征

【案例】　张公平于2018年10月寄快递时因所带零钱不够，就向董敏法借了10元钱。11月4日，张公平碰到董敏法说："我现在手上没有零钱，但我买了五张福利奖券，每张面值2元，你要不要?"董敏法推辞说没有就不用还了。在张公平的再三坚持下，董敏法接受了奖券。一个星期后开奖结果出来了，其中一张中了10万元的大奖。张公平闻讯后找到董敏法，声称自己当初只想以那几张奖券作抵押，现在要以10元钱把它们赎回。董敏法予以回绝。

【问题】　本案中接受奖券行为的性质应当如何认识?

1. 概念

在现实生活中，很多人可能一辈子都不会用到刑法或者其他专门法律，但人要安身立命，衣食住行、经济活动都离不开民事法律行为的实施。小到购买瓜果蔬菜，大至买房卖房，在人的一生中都不可能不实施民事法律行为。

所谓民事法律行为，是指民事主体通过意思表示设立、变更、终止民事法律关系的行为。根据这一概念，民事法律行为既包括合法的民事法律行为，也包括无效、可撤销和效力待定的民事法律行为，这就扩充了民事法律行为的内涵。这样既尊重民事主体的意愿，也强调对自己的行为负责，有利于提升民事主体的规则意识和责任意识。比如案例中的张公平向董敏法借款、张公平以奖券形式还款，董敏法同意以奖券形式还款，这些都是民事法律行为。

2. 特征

(1) 私行为

民事法律行为是民事主体实施的行为，即由自然人、法人或者非法人组织等私主体作出的行为，与政府机关行使国家权力作出的行政行为、法院依审判权作出的裁判行为相区别。后者如行政机关作出的征收征用、司法机关作出的判决赔偿等，这些非民事主体实施的行为不是民事法律行为。所以私行为的私是与公行为的公相对应而言的，与所有制上的私有、公有毫不搭界。《民法总则》中专门规定了机关法人。但机关法人在履行公共管理职能时会进行一些民事活动，如修建办公大楼、购买办公用品等。机关在从事这些活动时是以机关法人的民事主体进行的，故其实施的行为也属于民事法律行为。

(2) 表示行为

意思表示是民事法律行为不可或缺的构成要素，是民事法律行为的核心。生活中的买卖、租赁、加工承揽等丰富多彩的交易行为，都含有意思表示。任何民事法律行为都必须具备意思表示这一要素，不具备意思表示，就不能称其为民事法律行为。

民事法律行为之所以能对民事主体产生法律约束力，正是因为其是民事主体按照自己的意思作出的。这也是民事法律行为与事实行为最为根本的区别。事实行为是指权利主体主观上并没有产生、变更或者消灭法律关系的意思，而是依照法律规定引起法律关系后果的行为。如无因管理行为、正当防卫行为、紧急避险行为、侵权行为、违约行为、遗失物的拾得行为以及埋藏物的发现行为均为事实行为。

(3) 意思决定效果的行为

民法的基本理念是意思自治，主张人们在民事生活中自己做主，自己负责。只要意思表示中所要实现的效果是合法的，法律就听任其依照内容发生法律效果，设定权利，承担义务，或使权利义务变更、终止。

总之，根据《民法总则》第133条的规定，可以概括出民事法律行为的基本特征，即由民事主体实施的、以意思表示为要素、且能够产生当事人所预期的法律效果的行为。民事法律行为制度的基本特征体现了私法自治的基木精神。

二、民事法律行为的功能定位

【案例】 魏荃泽和其他业主因房价下跌来到某政府门口集体上访。他们认为，自己最初高价购房，大多是贷款按揭，包袱很重。本以为置业可以升值，但没想到房价一跌，损失不少，和最初的预期差距很大。所以他们强烈要求政府出面干预，有的甚至打出了“开发商，请还我血汗钱”的标语。

【问题】 如何看待这些业主的行为？

私法自治原则在民法原则体系中被认为是民法最重要、最有代表性的原则。所谓私法自治是指权利主体根据自己的意思表示所形成的私法上的权利义务关系。也就是说，法律规定人们在一定范围内有权自由地创设法律关系。①在私域的范围内，只要不违反法律，一切民事权利和义务关系的设立、变更和消灭，均取决于当事人自己的意思，而法律应尊重当事人的意思表示，不得非法干预。例如甲在水果店购买苹果后，摊主强制其购买梨，这就违背了私法自治的原则。私法自治这一原则，体现在民法的各个部分。例如在物权法上叫所有权自由；在继承法上叫遗嘱自由；在合同法上叫合同自由。

私法自治和民事法律行为的关系，德国学者卡尔·拉伦茨说："每个人都通过法律行为的手段，来构成他同其他人之间的法律关系；法律行为是实现《德国民法典》的基本原则——'私法自治'的工具。"②因此，在某种意义上，法律行为就是实现私法自治的工具，具体表现如下：

1. 民事法律行为制度的设立解释了私法自治的基本精神

私法自治是一个抽象的原则，必须通过一定的载体予以实现。弗卢梅认为，法律关系的私法自治只有在法秩序承认的行为类型中才有可能形成，此行为就是法律行为。③私法自治的基本精神在于民事主体个人自主，个人能够自我决定，自我负责。我国《民法总则》第5条规定："民事主体从事民事活动，应当遵循自愿原则，按照自己的意思设立、变更、终止民事法律关系。"民事法律

① [德]卡尔·拉伦茨：《德国民法通论》（上册），王晓晔等译，法律出版社2003年版，第54页。

② [德]卡尔·拉伦茨：《德国民法通论》（下册），王晓晔等译，法律出版社2003年版，第426页。

③ 参见李军：《私法自治的基本内涵》，《河北法学》2005年第6期。

行为制度的设立恰好解释了私法自治的普遍精神由抽象变为现实。民事法律行为制度正是以其完整的制度设计来解释了这一精神的具体内涵，也即是解释了为什么可以基于当事人的意愿来设立、变更、终止法律关系。①

2. 民事法律行为制度是行使私法自治的工具

民事法律行为不仅是价值上确立全面私法自治的工具，也是精确规范私法自治的工具。②私法自治的高度抽象性决定了必须有配套的法律制度来帮助其实现。

《民法总则》在真正理解私法自治精神的基础上，本着捍卫私法自治的信念来进行了民事法律行为制度的具体构建与设计。比如规定了民事法律行为的种类和形式、民事法律行为意思表示、民事法律行为的成立和有效要件、附条件的民事法律行为和附期限的民事法律行为等。这些民事法律行为制度正是精确考量了私法自治，是实现私法自治的工具。

案例中的魏荃泽等业主有权决定是否购房，购多大面积的房，购房款的支付期限和方式等，他人不得非法干预。如果从中获得了利益，也会受到法律的保护。这是民法赋予每个人的行为自由。同时业主也要承担房价下跌的风险，除非购房人有证据证明开发商具有欺诈等违法活动，否则就不能否定在双方自主决策基础上的交易。正是民事法律行为制度的设立保证了私法自治这一原则的实现。私法自治意味着我们每个自然人有权在法律规定的范围内自主决策自己的事务。

---

① 廖归：《浅析私法自治与法律行为制度之间的关系》，《法制与经济》2013年第7期。

② 龙卫球：《民法总论》，中国法制出版社2001年版，第481页。

三、民事法律行为的分类

【案例】 2018年1月1日,张公平驾驶新买的奥迪车入住新元酒店,在未询问停车事宜的情况下,将车停放在酒店停车场。第二天,张公平发现新车不见了。张公平向公安机关报案后,案件至今未破。张公平以新元酒店未履行保管义务,应承担保管责任为由起诉到区法院,要求全额赔偿车款。

【问题】 张公平在酒店停车行为属于何种民事法律行为?

民事法律行为依据不同的标准,可以分为不同的种类。不同种类的民事法律行为,有着不同的功能和作用,其成立要件和成立时间的不同,产生的法律后果也是不同的。

《民法总则》第134条规定:“民事法律行为可以基于双方或者多方的意思表示一致成立,也可以基于单方的意思表示成立。”“法人、非法人组织依照法律或者章程规定的议事方式和表决程序作出决议的,该决议行为成立。”据此,民事法律行为可以分为单方民事法律行为、双方民事法律行为、多方民事法律行为、决议民事法律行为。

1. 单方民事法律行为

单方民事法律行为又称一方行为,是仅需一方意思表示就能成立的民事法律行为。其特点是不需要相对人的同意,该行为即告成立。单方民事法律行为有的有相对人,该行为会涉及相对人权利的发生、变更或消灭,如债务的免除、代理权的授予、无权代理的追认等;还有的无相对人,该行为仅产生个人权利的变动,如捐助行为、抛弃所有权、先占无主物等。在无法律特别规定时,一方当事人意思表示完成,该民事法律行为即生效。如免除债务行为,甲借了乙5 000元,一直未还,然后乙了解到原来甲的妻子得了重病，医疗费花了几十万元。乙顿生同情心，告诉甲钱不用还了，这不需要征得甲同意，这就是单方民事法律行为。

2. 双方民事法律行为

双方民事法律行为又称契约行为，是当事人双方意思表示一致而设立的民事法律行为。这类民事法律行为的特点是必须有当事人双方的意思表示，而且必须相互结合、彼此一致才能成立。双方民事法律行为是现实生活中运用最广泛、存在数量最多的民事法律行为。双方民事法律行为的典型形式是合同。合同必须要有两个或两个以上的当事人意思表示达成一致才能成立。在案例中，法院认为张公平将车停放在泊车位上的行为，不是新元酒店接收保管物的法律行为，且住宿合同与保管合同是两个不同的法律关系，是两个单独的合同，故双方未能形成保管关系。这是因为双方对保管关系的形成未达成一致的意思，张公平在酒店停车行为不属于双方民事法律行为。

3. 多方民事法律行为

多方民事法律行为又称共同行为，是两个以上的民事主体共同的意思表示一致而成立的民事法律行为。其特点是多个方向相同的意思表示，即多个意思表示完全重合。如社团章程订立行为、证券交易所的交易规则、竞技体育中的竞赛规则、合伙公司等，都是共同参与者的共同意思表示。多方民事法律行为，当事人所追求的利益是共同的；而在双方民事法律行为中，当事人的利益是相对的。

4. 决议民事法律行为

决议民事法律行为简称决议，又称组织内部行为，是指社团组织成员依照一定规则实施的多方民事法律行为。决议主要发生于社团内部，调整组织内部关系，不调整组织与第三人之间关系，不直接产生对外法律效果，如公司股东会的决议、董事会决议、业主大会决议等。决议行为作为多方民事法律行为的一种，与多方民事法律行为不同的是，决议通常用投票的方式经多数表决而形成，因此不是意思表示全部平行的合致，而是多数平行的合致，但其对没有表示同意的表决成员也具有约束力。①

四、民事法律行为的形式

【案例】 2017 年 11 月 27 日，张公平跟董敏法口头约定，12 月 1 日由董敏法为其提供婚庆“一条龙”服务，包括婚车、婚纱、司仪及录像等服务，共计 8 000 元。当时张公平付了订金 1 000 元。婚礼当日，董敏法在完成婚车、婚纱、司仪等服务后，把录像交由梁一思负责。由于梁一思未带备用电池，导致未能录像婚礼全过程，喜庆场面无法保留。

【问题】 张公平跟董敏法口头约定的婚庆“一条龙”服务是否属于民事法律行为？

《民法总则》第 135 条规定：“民事法律行为可以采用书面形式、口头形式或者其他形式；法律、行政法规规定或者当事人约定采用特定形式的，应当采用特定形式。”据此，民事法律行为可以采取书面形式、口头形式、其他形式、特定形式。

1. 书面形式

书面形式，是指以文字等可以有形再现民事法律行为内容的形式。根据《合同法》第 11 条的规定，书面形式包括合同书、信件和数据电文（包括电报、电传、传真、电子数据交换和电子邮件）等

---

① 参见方志平：《民法宝典》，中国政法大学出版社 2017 年版，第 38 页。

可以有形地表现所载内容的形式。书面形式的优点是有据可查，有利于防止民事活动中的异议和便于民事纠纷的处理。在现实生活中，对于重要的民事法律行为，当事人一般采用书面形式，以避免争议。如今随着互联网的发展，QQ、微信等也可以成为民事法律行为的载体，有的也属于书面形式的种类。

2. 口头形式

口头形式，是指行为人以面谈或电话交谈等方式形成民事法律行为的形式。其优点是快捷、迅速。口头形式的民事法律行为十分普遍，特别适用于数额较小或现款交易的合同行为，如超市购物、菜场买菜等。其缺点是口说无凭，发生纠纷时，当事人难以举证。因此，数额较大的、非现款交易的民事法律行为，不宜采用口头形式。案例中的张公平与董敏法达成的协议是双方一致的意思表示，不违反法律的规定，因而属于民事法律行为。尽管本案是当事人间的口头协议，但依据《民法总则》的规定，由于法律、行政法并无规定婚礼摄像服务协议必须采用书面形式，当事人也未要求书面形式，因此当事人可以采用口头形式，这种口头协议同样是有效的，董敏法应向张公平承担违约责任。

3. 其他形式

其他形式，是指民事法律行为采取书面形式、口头形式之外的其他意思表示形式。这是考虑到现实生活的复杂情况。民事法律行为的其他形式种类繁多，甚至因人而异，但只要是能够引起特定法律后果的意思表示，就构成民事法律行为的其他形式。如当事人存在着通过手语、手势、暗语进行意思表示的习惯，那么该手语、手势、暗语即为意思表示的其他形式。

4. 特定形式

在某些特殊情况下，出于交易安全，避免纠纷等，有的法律、行政法规规定或者当事人约定采用特定形式的，应当采用特定形式，包括审批形式、书面形式、公证形式以及其他非口头形式。如当事人约定民事法律行为采用公证形式的，应当采用公证形式；再如建设用地使用权出让、转让或者抵押合同应当采取书面形式订立；申请设立合作企业，应当将中外合作者签订的协议、合同、章程等文件报国务院对外经济贸易主管部门或者国务院授权的部门和地方政府审查批准。

第二节 法律行为的核心——意思表示

一、意思表示的概念和构成要素

【案例】 张公平与董敏法系朋友，董敏法因结婚需要钱，向张公平借款 8 000 元。婚宴上，其他朋友对张公平开玩笑说："都是哥们，这 8 000 元算是给董敏法的红包了。"张公平随口讲："那就算了。"董敏法遂笑着说："那我就不还了。"两个月后，张公平急需用钱，向董敏法催还。董敏法说："这钱是你当着大家的面送给我的"，张公平解释是他随口开玩笑的。董敏法表示他是当真的。张公平多次催要无果，遂诉至法院。

【问题】 张公平当时说的话是他的意思表示吗？

1. 概念

民事法律行为以意思表示为基础，意思表示是法律行为的核心要素。任何法律行为必须要有意思表示。所谓意思表示，是指向外部表明意欲发生一定私法上效果的意思的行为。①"意思"是

① 梁慧星：《民法总论》，法律出版社 2011 年版，第 189 页。

指建立、变更、终止法律关系时的内心意图;"表示"是将内在的意思以适当的方式向适当的对象表示出来的行为。①根据概念,意思表示包括两个基础要素:一是内心意思,通过表达自己的意愿,从而建立法律行为,实现自己的利益。如打算购买汽车,想要乘飞机去外地旅游,这是内心意思。二是对该内心意思的外部表示,将内心意图向外进行表达的行为。如实际购买汽车、购买机票,就是内心意思的外部表示。

在案例中,张公平所作的赠与红包的意思表示,要根据行为人的外部表示同行为人的内心意思是否一致来确认行为的合法性和有效性。根据当时的场合和语气,完全可以判断出他是在特定条件下说的玩笑话,同其内心意思是不一致的。从后来时隔不久张公平向董敏法索款的行为可加以印证。因此,董敏法要还其8 000 元,张公平的话不构成意思表示。

2. 构成要素

意思表示的构成要素,是指构成意思表示所必须具备的事实要素。按照传统民法理论的观点,可以将意思表示构成要素概括为如下三种:

(1) 目的意思

目的意思是指明法律行为内容的意思要素。它是意思表示成立的基础。传统民法理论按目的意思法律性质的不同,将其内容分为三类:

第一,要素。它是指构成某种法律行为所必须具备的意思内容。就合同而言,要素指的是合同中的必要条款。这些条款所设定的权利义务直接关系到合同的性质,如果缺少必要条款,合同是不能成立的。

① 王利明:《民法总则研究》,中国人民大学出版社 2012 年版,第 540 页。

第二，常素。它是指行为人从事某种法律行为通常所应有的、内容完全等同的意思要素。常素与行为人的意思表示没有关系而是由法律直接规定的。如合同不具备常素并不导致合同不能成立或生效，只不过法律要通过推定的规则来填补合同的空白。所以，合同法中最主要部分就是关于常素的规定。如买卖合同中的瑕疵担保责任。

第三，偶素。它是指依法律行为性质并非必须具有，仅依行为人特殊意志而确定的意思要素。就合同而言，偶素常常被称为当事人的特约条款或附加条款。偶素的欠缺并不影响法律行为的成立。如特约条款等。

(2) 效果意思

效果意思是指希望引起法律效果的意思要素。即具有设立、变更、终止民事法律关系的意图。这是意思表示构成的核心。例如，甲与乙订立房屋买卖合同而取得房屋的所有权的意思，就属于效果意思。承租人以一定数量的租金承租某套房屋，也是效果意思。

(3) 表示行为

表示行为是指将内心意思以一定的方式表达于外部的行为要素。如电话订购鲜花等。没有表示行为，即使有了内心效果意思，也不能为他人知晓，而无法取得法律效果。因此，表示行为是意思表示不可缺少的要素。

举例来说，甲乙订立买卖合同，双方关于价金、数量等意思属于目的意思；而甲通过让渡所有权而获取价款；乙通过支付价款而获得所有权都是效果意思；甲、乙将自己的意思告诉对方的行为是表示行为。

二、意思表示的发出和到达

【案例】 张公平的母亲因车祸死亡,驾驶员弃车逃跑。为了寻找肇事者,张公平在电视台发出悬赏广告,承诺有提供重要线索者奖励5 000元。梁一思称她知道肇事者并提供了3个人的名字。后经查明是其中1人所为。梁一思多次向张公平追要5 000元,但张公平以各种理由不给。

【问题】 悬赏广告属于哪一种性质的意思表示?本案如何处理?

意思表示从发出到受领人,需要一个时间过程。意思表示的发出与到达的意义,目的在于确认意思表示是否生效以及生效的时间。

1. 意思表示的发出

意思表示的发出是指表意人向意思表示受领人作出了意思表示,完成了一切为使意思表示生效所必需的行为。①依其不同的情况,可分为不同的意思表示的发出。

(1) 有相对人的意思表示和无相对人的意思表示

依其是否以向相对人实施为要件,划分为有相对人的意思表示与无相对人的意思表示。

有相对人的意思表示,又称需要受领的意思表示,是指向特定对象作出的意思表示。现实生活中这类意思表示最为普遍。如债务免除必须由债权人向债务人作出表示,授予代理权必须由

① [德]迪特尔·梅迪库斯:《德国民法总论》,邵建东译,中国人民大学出版社2017年版,第205页。

本人向代理人作出等。

有相对人的意思表示又可分为对特定人的意思表示和对不特定人的意思表示。对特定人的意思表示是指意思表示的对象是特定的,如承诺必须向要约人表示。如果向要约人之外的其他人进行意思表示,不产生承诺的效力。对不特定人的意思表示是指意思表示的对象是不特定的,如悬赏广告、自动售货机等。

无相对人的意思表示,又称无需受领的意思表示,是指无需向特定对象作出的意思表示。如遗嘱、抛弃动产所有权的行为等。

(2) 对话的意思表示和非对话的意思表示

依其相对人是否处于同步受领和直接交换意思表示的状态,可分为对话的意思表示和非对话的意思表示。

对话的意思表示是指采取使相对方可以同步受领的方式进行的意思表示,①如面对面交谈或打电话直接订立合同就是对话的意思表示。

非对话的意思表示是指相对人不可同步受领的意思表示,如通过信函交往或经使者传达而订立合同。

(3) 明示的意思表示和默示的意思表示

意思表示依其做成之方式,可分为明示的意思表示和默示的意思表示。

明示的意思表示,指行为人以作为的方式使得相对人能够直接了解到意思表示的内容。②这是意思表示最典型和最常用的表示方式。常用的有口头、文字、表情语汇外,还包括习惯使用的特定形体语汇,如举手招呼出租车,即表示有租用该车之意。

---

① 石宏:《中华人民共和国民法总则条文说明、立法理由及相关规定》,北京大学出版社 2017 年版,第 328 页。

② 石宏:《中华人民共和国民法总则条文说明、立法理由及相关规定》,北京大学出版社 2017 年版,第 334 页。

默示的意思表示，指行为人既不用语言（包括口头、书面语言）表示，也不用行为表示，而是通过推定或沉默使他人可以推断真实意思。默示的意思表示必须在法律有明确规定或有交易习惯或当事人有特别约定时才发生效力。例如，租赁合同届满，承租人继续交付租金并为出租人接受，便可推知其要续租。

2. 意思表示的到达

意思表示的到达是指意思表示发出以后实际到达意思表示的受领人。意思表示到达的意义在于意思表示到达受领人时，意思表示即告生效。

(1) 无相对人的意思表示的到达

《民法总则》第 138 条规定："无相对人的意思表示，表示完成时生效。法律另有规定的，依照其规定。"无相对人的意思表示的到达，采取的是作出主义，即表示完成时生效。如所有权的抛弃，其抛弃行为完成时，即发生效力。

(2) 有相对人的意思表示的到达

有相对人的意思表示的到达，具体可以分为以下几种情况：

第一，以对话方式发出的意思表示的到达。这是指表意人作出意思表示和相对人受领意思表示是同步进行的。比如面对面对话、电话通话或其他即时通讯方式的意思表示等。根据《民法总则》第 137 条的规定，以对话方式作出的意思表示，相对人知道其内容时生效，即采用了解主义。因此，表意人发出意思表示，相对人知晓意思表示的内容即发生效力。

第二，以非对话方式发出的意思表示的到达。这是指表意人作出意思表示和相对人受领意思表示不是同步进行的，两者之间有时间差。如传真、信件等。以非对话方式作出的意思表示，到达相对人时生效。即采用的是到达主义，只要意思表示进入相对人的实际控制范围内就生效。

第三，以非对话方式发出的数据电文形式的意思表示的到达。随着科技的发展，人们除了用信件等传统的非对话方式作出意思表示外，还可以采用数据电文方式作出意思表示，包括电子邮件、电报、微博等，其具有自动性、实时性的特点。根据《民法总则》第137条的规定，以非对话方式作出的采用数据电文形式的意思表示，相对人指定特定系统接收数据电文的，该数据电文进入该特定系统时生效；未指定特定系统的，相对人知道或者应当知道该数据电文进入其系统时生效。当事人对采用数据电文形式的意思表示的生效时间另有约定的，按照其约定。

第四，以公告方式作出的意思表示的到达。对于有相对人，但是表意人不知道意思表示的相对人，或者不能知道相对人的所在地的，可以依照民事诉讼法关于公告送达的规定，以公告的方法作出意思表示。公告方式作出的意思表示，形式不限，有报刊、广播电视、网络或者街头张贴文告等。以公告方式作出的意思表示，公告发布时生效。以公告方式作出的意思表示最为典型的是悬赏广告。

上述案例中，张公平发布悬赏广告，属于以公告方式作出的意思表示。悬赏广告是对不特定人的意思表示，发布时即生效，无须到达。任何人按照广告公布的条件，完成了广告所指定的行为，即对广告人享有报酬请求权。梁一思看到悬赏广告并提供重要线索使案件得以顺利侦破，因此梁一思有权受领这5 000元。

三、意思表示的撤回

【案例】 某日张公平致函给董敏法表示解除买卖合同，第二天他改变心意，又发另一函表示不想解约了。一个星期后邮差将两函一同放入董敏法家的信箱。

【问题】　张公平能够将意思表示撤回,不解约吗?

1. 概念

所谓意思表示的撤回,就是指意思表示在发出以后,尚未到达意思表示的受领人之前,表意人将其意思表示撤回。

2. 意思表示的撤回的条件

《民法总则》第141条规定:“行为人可以撤回意思表示。撤回意思表示的通知应当在意思表示到达相对人前或者与意思表示同时到达相对人。”原则上行为人可以撤回意思,但不是在任何情况下都可以撤回意思表示,意思表示的撤回是有条件的。

(1) 意思表示的撤回,要在有意思表示相对人的情况下才有意义。如果是无相对人的意思表示,则不存在撤回的问题。这是因为依据《民法总则》第138条的规定,无相对人的意思表示在表示作出时就生效,不可能撤回,只能撤销。

(2) 行为人如果要撤回意思表示,必须在意思表示到达相对人前或者与意思表示同时到达相对人,该撤回才是有效的。实际生活中,以对话方式作出的意思表示其实是无法撤回的,因为这种方式自作出之后即相对人了解后就生效了,所以行为人并无撤回的时间可能。以非对话方式作出的意思表示必须到达相对人时才能生效,因此行为人要撤回意思表示,其撤回意思表示的通知必须先于意思表示到达相对人,或者与意思表示同时到达相对人。否则无法撤回意思表示。例如,意思表示是用平信方式寄出的,意思表示的撤回通知则可以采取特快专递的方式发出。

案例中张公平与董敏法之间的买卖合同属于以非对话方式作出的意思表示。张公平共发了两封函,第一封函是表达解除合同,第二封函是表达继续履行合同。两封函同时到达,根据《民法总则》第 141 条的规定，符合意思表示撤回的条件。哪怕董敏法先阅读第一封函，第二封函依然生效，将第一封函的解约的意思表示撤回。

(3) 以电子数据形式发出的意思表示也难以撤回。因为采用数据电文形式发出的意思表示，意思表示人一旦发出意思表示，该意思表示立即就会进入收件人的计算机系统，发出和收到之间的时间间隔几乎可以忽略不计。意思表示人的意思表示撤回是无法先于或同时与意思表示到达收件人的。

四、意思表示的解释

【案例】 张公平欠董敏法 20 000 元，并有欠条载明。其后张公平还欠款给董敏法，并在原欠条上注明“还欠款 18 000 元”。董敏法出具了一张收据给张公平。后来双方对原欠条上所注“还”字的含义发生争执。董敏法认为“还”字应当读“hái”，张公平尚欠 18 000 元。张公平则认为“还”字应读“huán”，说自己已还 18 000 元，并称董敏法出具的收据被遗失。

【问题】 本案如何处理？

1. 意思表示的解释的概念和类型

(1) 概念

任何意思表示都是通过语言、文字或行为等一定外在形式体现出来的。在现实生活中，对表意人作出的意思表示，不同的人会产生不同的理解，甚至产生争议。为了定分止争，需要人民法院或仲裁机构对意思表示进行解释。

意思表示的解释，是指在意思表示不清楚、不明确而发生争议的情况下，人民法院或仲裁机构对意思表示进行解释。

(2) 类型

意思表示的解释通常分为有相对人的意思表示的解释和无相对人的意思表示的解释。

有相对人的意思表示的解释是指对表意人向特定的相对人发出的意思表示进行的解释，如要约与承诺、合同解除、代理权的授予等。

无相对人的意思表示的解释是指对不需要相对人的意思表示进行的解释，如对不特定人的悬赏广告、遗嘱、所有权的抛弃等。

2. 意思表示的解释的方法

当意思与表示行为不一致时，如何确定意思表示的内容和效力呢？意思表示解释的方法很多，但根据《民法总则》第 142 条的规定："有相对人的意思表示的解释，应当按照所使用的词句，结合相关条款、行为的性质和目的、习惯以及诚信原则，确定意思表示的含义。无相对人的意思表示的解释，不能完全拘泥于所使用的词句，而应当结合相关条款、行为的性质和目的、习惯以及诚信原则，确定行为人的真实意思。"

可见，我国对于意思表示进行解释的方法主要有：

(1) 文义解释

意思表示由语言文字构成，欲确定意思表示的含义，必须先了解和确定所用词句的含义。这说明解释意思表示通常须先由文义解释入手。

(2) 整体解释

在文义解释不合理或困难的情况下，应当结合相关条款进行理解。即把意思表示的全部条款和构成部分作为一个完整的整体，从各个条款的相互关联、所处的地位等总体联系上，来确定有争议的用语的含义。

(3) 目的解释

目的解释，是指在对意思表示进行解释时，应当根据当事人从事该民事行为所追求的目的来进行解释。当事人进行法律行为必有其目的，该目的是当事人的真实目的。

(4) 习惯解释

习惯解释是指意思表示有争议时，应参照当事人所知悉的习惯解释，包括语言习惯、行为习惯、交易习惯等。如遗赠抚养协议中对"生老病死"一词发生争议时，应当按照当地的生活习惯进行解释。

(5) 诚信解释

诚信解释是指遵循诚实信用原则来解释表意人的意思表示。

在案例中，双方当事人争议事项为"还"字的具体含义。要确定该词句的具体含义，就需要对当事人签订协议时的意思表示进行解释。首先从协议签订的具体内容(文义解释)出发，结合相关条款(整体解释)，并从交易习惯和立字据的目的分析，"还欠款18 000元"是在借款人归还借款时在原欠条上注明的，由于该欠条由借款人收存，按通常解释其目的在于证明借款的数额而不是还款的数额。因此，从立字据的目的和交易习惯角度解释，应当将该内容理解为"尚欠款18 000元整"。

第三节　民事法律行为依法成立，便会产生效力
——民事法律行为的生效要件

一、民事法律行为的成立

【案例】 张公平和魏荃泽准备结婚时，魏荃泽在国外的姑妈答应送魏荃泽一辆车作为结婚礼物。婚后半年，魏荃泽的姑妈把

车带回送给魏荃泽。一年后，张公平和魏荃泽协议离婚，在分割财产时发生争议，张公平要求将车作价分给自己一半，魏荃泽不同意。

【问题】 本案如何处理？请说明理由。

1. 民事法律行为的成立概念

民事法律行为的成立是指当事人就民事法律关系的产生、变更和消灭作出了一定的意思表示，或意思表示一致。①换言之，就无相对人的单方法律行为来说，是指意思表示已经作出；就有相对人的单方法律行为来说，是指表意人发出的意思表示已经到达相对人；就双方或多方法律行为而言，是指各方当事人意思表示合致。②

案例中，魏荃泽与其姑妈之间是一种赠与合同关系，而赠与行为是诺成民事法律行为，此赠与民事法律行为是在魏荃泽婚前完成且生效，而且该赠与已经明确受赠人为魏荃泽个人。这就意味着魏荃泽的车是婚前所得，应当作为妻子的个人财产。

2. 民事法律行为的成立的要件

民事法律行为的成立必须具备民事法律行为成立的要件，即法律规定的构成民事法律行为的必备要素。民事法律行为的成立要件有一般成立要件和特别成立要件。

（1）一般成立要件

一般成立要件是指所有民事法律行为所应具备的共同条件。《民法总则》第134条规定："当事人意思表示一致，法律行为即告成立。"因此，民事法律行为的成立要件包括：

---

①② 参见王利明：《民法总则研究》，中国人民大学出版社2018年版，第368页。

第一，当事人。即进行民事法律行为的民事主体。不同的法律行为对当事人的要求不同。如遗赠行为只要有一方当事人即可；买卖行为则需要有两方或两方以上当事人；在共同行为和决议行为中，需要有某一组织的成员或内部机构参与表决。

第二，意思表示。民事法律行为的成立必须具备有效的意思表示。单方法律行为，当事人意思表示完成，法律行为即告成立；双方法律行为，当事人互相意思表示一致时法律行为方告成立。

第三，标的须确定并且可能。标的的确定，指关于标的表示须达到能被具体认定的程度。认定标的确定与否的时点，通常为行为成立时。标的可能，指标的在客观上须具有实现的现实性。

（2）特别成立要件

特别成立要件是指民事法律行为成立所应具备的特别条件。例如，定金合同、保管合同、借用合同、自然人之间的借款合同自标的物交付时成立。再如，遗嘱必须具备《继承法》的规定的形式，否则遗嘱不能成立。

3. 民事法律行为的成立和生效

民事法律行为的成立和生效是两个不同的概念，相互之间既有联系又有区别。在绝大多数情况下民事法律行为一旦依法成立，便会产生效力，因此，《民法总则》第136条规定："民事法律行为自成立时生效。"但在某些情况下，法律行为成立并不一定产生一定的法律效力。要产生法律效力，则必须要符合法定的生效要件。根据《民法总则》第143规定，具备下列条件的民事法律行为有效：第一，行为人具有相应的民事行为能力；第二，意思表示真实；第三，不违反法律、行政法规的强制性规定，不违背公序良俗。

二、行为人具有相应的民事行为能力

【案例】 张公平，男，17岁，在砖瓦厂做临时工，每月有4 000元的收入。2018年1月，张公平未经其父母同意，欲花1 000元钱从董敏法处购买一辆旧电动车，尽管遭到了父母的反对，但张公平还是买了下来。同年10月，张公平某因患精神分裂症丧失了民事行为能力。随后其父找到董敏法，认为他们之间的买卖无效，要求董敏法返还钱款，拿走旧电动车。

【问题】 此买卖是否有效？

任何民事法律行为都以当事人的意思表示为基础，并且以产生一定的法律效果为目的，所以行为人必须具备正确理解自己的行为性质和后果、独立地表达自己的意思的能力。法律要求行为人实施民事法律行为时，必须具备与该行为相适应的民事行为能力。

1. 自然人的民事行为能力

我国《民法总则》将自然人分为三类，即完全民事行为能力人、限制民事行为能力人和无民事行为能力人。

(1) 完全民事行为能力人可以独立实施所有民事法律行为

完全民事行为能力人必须是年满18周岁的自然人或者16周岁以上不满18周岁，但以自己的劳动收入为主要生活来源、智力发育正常的自然人，可以从事一切民事法律行为。因其完全能够理解自己的行为，也能够完全辨别自己行为的后果，因此可以独立实施民事法律行为。

在案例中，此买卖合同完全有效。因为合同成立时张公平已满16周岁，并以自己的劳动收入为其主要生活来源，可视为完全民事行为能力人。所以张公平可以独立实施法律行为,无须征得其父母同意。张公平患上精神分裂症丧失民事行为能力是在合同成立之后,这不影响他在此前所做出的民事法律行为的效力。

(2) 限制民事行为能力人可以进行与其年龄和智力状况相适应的民事活动,其他民事活动由其法定代理人代理实施。

8 周岁以上的未成年人和不能完全辨认自己行为的成年人是限制民事行为能力人。《民法总则》第 145 条第 1 款规定:"限制民事行为能力人实施的纯获利益的民事法律行为或者与其年龄、智力、精神健康状况相适应的民事法律行为有效;实施的其他民事法律行为经法定代理人同意或者追认后有效。"因此限制民事行为能力人实施的民事法律行为有:一是纯获利益的民事法律行为,即仅仅获得法律上的利益,而不会负担法律义务或减损其既有民事权利的行为。如接受奖励、赠与、报酬。二是与其年龄、智力、精神健康状况相适应的民事法律行为。

(3) 无民事行为能力人的民事活动由法定代理人代理实施,本人不得实施。

不满 8 周岁的未成年人和不能控制自己行为的成年人是无民事行为能力人,他们不具有独立作出意思表示的能力,他们的行为只能由其法定代理人进行。在司法实践中,无民事行为能力人的未成年人所进行的习惯上允许的或与日常生活密切相关的细小民事法律行为,如以零花钱购买零食的行为,一般认为是有效的。另外无民事行为能力人独立实施纯获利益的民事法律行为也是有效的。

2. 法人的民事行为能力

法人组织的民事行为能力是由法人核准登记的经营范围决定的,法人组织超越其经工商登记核准的营业范围实施民事行为,即不具备民事行为能力。但最高人民法院颁布的《关于适用

〈中华人民共和国合同法〉若干问题的解释（一）》第 10 条规定：“当事人超越经营范围订立合同，人民法院不因此认定合同无效。但违反国家限制经营、特许经营以及法律、行政法规禁止经营规定的除外。”也就是说，法人组织超越经营范围订立的合同，如相对人为善意，即不知道法人组织的行为超越其经营范围的，该合同为有效。但法人组织超越经营范围实施的行为如果属于法律禁止从事或限制从事的经营活动，则其实施的行为无效。

三、意思表示真实

【案例】　张公平提出以 200 万元购买董敏法北京东城区 200 平方的房屋，董敏法心想：怎么可能？为了戏弄张公平，董敏法提出签订书面合同，双方签订的书面合同约定，董敏法将房屋以 200 万元的价格出卖给张公平。

【问题】　此买卖合同有效吗？

意思表示是民事法律行为的核心要素，其真实性对保证行为人正确实现行为目的至关重要。意思表示真实是指行为人的内心意思与其外部表示的意思一致。民事法律行为的成立所需要意思表示有可能是单方的，如遗嘱行为；可能是双方或多方的，如合同行为。但只有真正反映行为人内心真实意愿的意思表示，才能产生行为人预期的法律后果。因此，意思表示真实是民事法律行为成立的必备条件。

意思表示真实包括两个方面：自愿和真实。

1. 自愿

自愿即意思表示出于行为人的自由意志，而非他人强制或干涉的结果。任何人不得强迫行为人必须实施或不实施某种民事法律行为。

2. 真实

真实即行为人的内心意思与外在表示相符合。如因虚假表示、认识错误、误传、误解、受欺诈或受胁迫、显失公平、隐藏行为等，表示意思与效果不一致时，则民事法律行为会发生撤销、变更或无效等后果。

在大陆法系国家民法中，大多规定了三种意思表示不真实的情况：

(1) 真意保留。指表意人故意隐匿其内心所欲追求的效果意思，而为与效果意思相反的表示行为，又被称为“恶意的玩笑”。基于真意保留所为的民事行为，原则上可以生效。但真意保留为相对人明知时，民事行为不产生效力。

在案例中，董敏法就属于真意保留。该买卖合同是否有效分两种情况。一是若张公平不知道董敏法为真意保留，张公平的交易安全优先受到保护，双方的买卖合同有效。二是若张公平知道董敏法真意保留，张公平不值得保护，双方的买卖合同无效。

(2) 双方虚伪表示。指表意人对于非真意有认识，而且与相对人通谋所为之意思表示。例如债务人为避免扣押财产，与友人商议假装将其财产卖给他。《民法总则》明确规定双方虚伪表示行为无效。

(3) 隐藏行为。是指行为人与相对人将其真意隐藏在虚假的意思表示中。所为的意思表示虽非出于真意，但却隐藏他项法律行为的真正效果。例如，甲提出将房屋赠与乙，乙同意。甲同时提出，为了防止亲戚嫉妒，双方假装做成互易合同，签订一个甲用房屋交换乙的汽车的合同，乙也同意，并照办。这种情况就属于隐藏行为。被隐藏的赠与合同依法有效，乙有权要求甲交付房屋并移转所有权。至于互易合同为虚假行为，无效。甲无权要求乙交付汽车并移转所有权。

四、不违反法律、行政法规的强制性规定和公序良俗

【案例】 魏荃泽发现自己的丈夫和梁一思存在婚外不正当两性行为。气愤不已的魏荃泽指使他人对梁一思实施殴打致其受伤，花去医疗费 2 800 元。公安机关对魏荃泽行政拘留 12 日并处罚款 500 元。此后梁一思起诉魏荃泽，要求赔偿医疗费、误工费、精神损失费等共计 1.3 万余元，并要求魏荃泽公开赔礼道歉。

【问题】 梁一思诉请赔礼道歉，法院为何驳回？

民事法律行为之所以产生法律效力，就在于当事人意思表示符合法律的规定。不合法的民事法律行为是不能受到法律的保护的，自然也不能产生当事人所预期的法律后果。

关于民事法律行为的合法性，要把握以下几点：

1. 不违反法律、行政法规的强制性规定

法律规定有任意性规定和强制性规定。任意性规定是指当事人可以自主决定，可以自由排除适用的规定。强制性规定是指当事人必须遵守的法律规定，不得通过协商加以改变的规定。这里的“法律”是指全国人大及其常委会制定并颁布的法律；“行政法规”是指国务院制定并颁布的规章、命令、条例等行政规范。例如，法律禁止当事人买卖走私物品。只有违反了法律、行政法规的强制性规定，才会导致民事法律行为的无效。

2. 不违反公序良俗

民事法律行为不仅要符合法律规定，而且在内容上不得违背公序良俗。

公序良俗，即公序和良俗。公序，即公共秩序，是指国家社会的存在及其发展所必需的一般秩序；良俗，即善良风俗，是指国家社会的存在及其发展所必需的一般道德。合起来公序良俗是指民事主体的行为应当遵守公共秩序，符合善良风俗，不得违反国家的公共秩序和社会的一般道德。

在案例中，梁一思与魏荃泽丈夫存在不正当的两性行为，魏荃泽指使他人对梁一思实施殴打，侵犯了梁一思的人身权利，梁一思有权要求魏荃泽承担民事赔偿责任。但梁一思本身的不正当的两性行为违背道德，给魏荃泽及其家人带来精神伤害，影响了家庭和谐。如果支持梁一思的诉请，则不利于维护社会的公序良俗。基于此，法院驳回梁一思要求魏荃泽公开赔礼道歉的请求是恰当的，同时也是对梁一思违反道德行为的谴责。

第四节　民事法律行为成立，但不一定会产生效力——无效、效力待定和可撤销的民事法律行为

一、无效民事法律行为

【案例】 张公平通过中介将房子以 288 万元的价格出售给董敏法。办理过户前，中介提出不走二手房资金监管程序，在给房产局的合同中把交易价定为 135 万元。董敏法先付 100 万元，剩余 188 万元过户完成后由董敏法直接支付张公平，这样能省下几万元税费。为了打消张公平的顾虑，董敏法说再付给张公平 35 万元，过户完成后再付剩下的 153 万元。但过户手续完成后，董敏法却以“房款 135 万元已经全部付清”为由拒绝支付当初口头约定的 153 万元余款。

【问题】 董敏法还需要支付剩下的153万元吗?

1. 概念

无效的民事法律行为，指因欠缺民事法律行为的有效条件，不发生当事人预期法律后果的民事法律行为。

2. 特征

《民法总则》第155条规定:“无效的或者被撤销的民事法律行为自始没有法律约束力。”根据这规定，无效的民事法律行为包含以下几个特征:

(1) 自始无效

自始不发生法律效力，即无效的民事行为，从行为一开始就不具有法律上的约束力。

(2) 当然无效

无效民事法律行为处于明确的不发生法律效力的状态，不需要任何人主张，也不需要法院等有关机构的宣告。也就是说，民事法律行为的无效，不以任何主张、确认和宣告为要件。

(3) 确定无效

无效民事法律行为的无效不仅从其成立时不发生法律效力，此后亦绝无再发生法律效力之可能，即其不生效力，已属确定。

(4) 绝对无效

对无效民事法律行为有争议时，在确认其无效的诉讼中，任何人都可以提出确认无效的主张，而不仅仅局限于只有利害关系人才能提出诉讼。①

3. 类型

根据《民法总则》的规定，以下几种民事行为都属无效民事法

① 参见李显冬:《民法总则典型案例疏议》，法律出版社2008年版，第300页。

律行为。

（1）无民事行为能力人实施的民事法律行为

《民法总则》第144条规定："无民事行为能力人实施的民事法律行为无效。"无民事行为能力人实施的行为，因没有意思能力，不发生法律行为之效果意思的效力。这是从保护无民事行为能力人的角度出发，以免陷入自身无法理解和控制后果的法律关系中。如7岁少年放弃接受遗赠的行为无效、精神病人抛弃所有权的行为无效。

（2）虚假行为

《民法总则》第146条第1款规定："行为人与相对人以虚假的意思表示实施的民事法律行为无效。"这规定了虚假的民事法律行为的无效。所谓虚假的民事法律行为，又称通谋虚伪表示，是指行为人与相对人共同实施了虚假的民事法律行为。①

上述案例中，张公平与董敏法的买卖合同就是"阴阳合同"。"阴合同"则是当事人之间实际履行的合同，"阳合同"供不同单位备案使用，而非实际履行。"阳合同"的约定不生效，而且当事人也从未有让其生效的意思，这就是"虚假表示"。此案中，"135万元买卖房屋的阳合同"仅是避税而用，并非卖方的真实意思表示，该合同是无效的。而虚假表示所隐藏的288万元房屋交易的买卖行为，是双方的真实意思表示，不违反法律的规定，合同合法有效，董敏法应依约履行合同，过户完成后，支付剩余的153万元。

（3）违反法律、行政法规的强制性规定的民事法律行为

法律和行政法规中的强制性规定不容违反，一旦违反，民事法律行为即归于无效。

（4）违背公序良俗的民事法律行为

① 参见郑玉波：《民法总则》，中国政法大学出版社2003年版，第339页。

司法实践中违背公序良俗的民事法律行为主要有性交易、贿赂协议及学位买卖等行为。

(5) 恶意串通，损害他人合法权益的民事法律行为

恶意串通，是指当事人明知自己所要进行的民事法律行为将要损害国家、集体或第三人的利益，而仍然故意合谋为之。例如，订立造成污染环境的合同无效。

二、效力待定的民事法律行为

【案例】 梁一思，16 岁考上重点高中，其父购买了一部价值 9 000 元的 iPhone X 手机作为奖励。后梁一思因迷上观看直播，私自将手机以 5 000 元的价格卖给张公平。

【问题】 梁一思与张公平之间的手机买卖合同有效吗？

1. 概念

效力待定的民事法律行为，是指民事法律行为虽然已经成立，但其是有效还是无效尚不能确定，还待其后一定事实的发生来确定其效力的民事行为。效力待定民事行为的效力处于悬而未决的不确定状态之中，既可能成为有效民事法律行为，也可能成为无效民事法律行为，取决于享有追认权的第三人的意思表示。

2. 类型

(1) 限制民事行为能力人依法不能独立实施的民事行为

《民法总则》第 145 条规定："限制民事行为能力人实施的纯获利益的民事法律行为或者与其年龄、智力、精神健康状况相适应的民事法律行为有效；实施的其他民事法律行为经法定代理人

同意或者追认后有效。”

根据这一规定，限制民事行为能力人所从事的民事法律行为，必须经过法定代理人的同意或者追认后才有效。限制民事行为能力人，其监护人是其法定代理人。但是有两类行为无须经法定代理人同意或者追认即有效。一是纯获利益的民事法律行为，二是与其年龄、智力、精神健康状况相适应的民事法律行为。因此限制民事行为能力人实施的超越其年龄、智力、精神健康状况的民事法律行为为效力待定的行为。

案例中，梁一思为限制民事行为能力人，她擅自卖手机的行为已明显超过其年龄、智力和精神健康状况，因此梁一思签订的合同为效力待定的合同。此时这个合同是需要其法定代理人追认，即她的家长认可后才能生效。

(2) 无权代理行为

《民法总则》第 171 条规定：“行为人没有代理权、超越代理权或者代理权终止后，仍然实施代理行为，未经被代理人追认的，对被代理人不发生效力。”所以，无权代理行为也是效力待定的民事法律行为。只有经过被代理人的追认，该民事行为才能生效。如乙未经甲的授权，擅自以甲的名义与丙订立了一份买卖合同，此时乙的行为就属于无权代理的行为。

3. 效力

效力待定的民事法律行为的效力属于不确定的状态，其有效还是无效处于待定状态。

(1) 法定代理人、被代理人或真正权利人行使追认权

《民法总则》第 145 条第 2 款第 1 项规定：“相对人可以催告法定代理人自收到通知之日起一个月内予以追认。法定代理人未作表示的，视为拒绝追认。”例如，13 岁的甲花了 3 万元买了一部单反相机，买相机的行为明显超过甲的年龄。此时该行为的效力

为效力待定。如希望该行为变为有效的民事法律行为，则需要甲的父母的同意或者追认，一经追认则该合同自始有效。如果甲的父母拒绝或者自收到商店的催告通知书之日起一个月内未作表示，则视为拒绝，甲购买单反相机的行为确定无效。

（2）善意相对人行使撤销权

《民法总则》第145条第2款第2项规定："民事法律行为被追认前，善意相对人有撤销的权利。撤销应当以通知的方式作出。"第171条第2款规定："行为人实施的行为被追认前，善意相对人有撤销的权利。撤销应当以通知的方式作出。"因此，善意相对人可以行使撤销权，从而使效力待定的民事行为归于无效。

三、可撤销的民事法律行为

【案例】 张公平在菜场旁摆放廉价购得的旧碗，冒充新出土文物。董敏法曾以6 000元的价格从张公平处买过旧碗，发现被骗后找张公平理论，两人正在争论中，魏荃泽过来询问。董敏法为了要回被骗款项，有意让魏荃泽也上当，未等张公平开口便对魏荃泽说："我之前从他这买了一个旧碗，转手就赚了，这个你不要我就要了。"魏荃泽信以为真，以6 000元的价格买下了旧碗。

【问题】 魏荃泽是否可以向张公平主张撤销其购买行为？

1. 概念

可撤销的民事法律行为是指民事行为虽已成立并生效，但因意思表示存在瑕疵，法律赋予特定一方当事人行使撤销权，使已经生效的民事法律行为自始无效。

2. 特征

可撤销的民事法律行为有以下特征：

(1)可撤销的民事法律行为大多是意思表示瑕疵。(2)可撤销的民事法律行为在撤销前已经生效，且未经撤销，其效力不消灭。(3)可撤销的民事法律行为的撤销，由撤销权人主动行使撤销权，人民法院不主动干预。(4)可撤销的民事法律行为一经撤销，其效力溯及于行为的开始，即被撤销的民事法律行为从行为开始时无效。

3. 类型

(1) 重大误解

《民法总则》第 147 条规定："基于重大误解实施的民事法律行为，行为人有权请求人民法院或者仲裁机构予以撤销。"基于重大误解的民事法律行为，是指行为人即表意人对自己所要实施的民事法律行为有关的重大事项发出错误的意思表示，该错误的意思表示被相对人受领并因此给错误方当事人造成损失的行为。行为人自己因对行为的性质、对方当事人、标的物的品种、质量、规格和数量等存在错误认识，使行为的后果与自己的意思相悖，并造成较大损失的行为。如把 18 K 金当成足金，把价格 1 000 元标成 100 元等。

(2) 欺诈

欺诈有两种情况：

第一，相对人欺诈。欺诈是指一方当事人故意告知对方虚假情况，或者故意隐瞒真实情况，诱使对方当事人作出错误意思表示的行为，目的是从受欺诈方的损失中获益。《民法总则》第 148 条规定："一方以欺诈手段，使对方在违背真实意思的情况下实施的民事法律行为，受欺诈方有权请求人民法院或者仲裁机构予以撤销。"

第二,第三人欺诈。第三人欺诈,是指民事法律行为当事人之外的第三人故意告知民事法律行为的一方当事人虚假情况,或者故意隐瞒真实情况,诱使民事法律行为的该方当事人作出错误意思表示。第三人欺诈,受欺诈方有权请求撤销民事法律行为,须受欺诈方的相对人知道或者应当知道该欺诈行为。

案例中魏荃泽可以向张公平主张撤销其购买行为。这种情况是典型的第三人欺诈,虽然是董敏法欺诈,但由于张公平作为买卖相对人是明知欺诈的,所以魏荃泽仍然可向张公平主张撤销该买卖合同。

(3) 胁迫

胁迫是指以给公民及其亲友的生命健康、荣誉、名誉、财产等造成损害,或者以给法人的荣誉、名誉、财产等造成损害为要挟,迫使对方作出违背真实意思的行为。《民法总则》第 150 条规定:"一方或者第三人以胁迫手段,使对方在违背真实意思的情况下实施的民事法律行为,受胁迫方有权请求人民法院或者仲裁机构予以撤销。"比如甲对乙说:"你不在伪造的证书上签名,我就放火烧你家。"该行为就属于胁迫。

(4) 显失公平

显失公平是指一方当事人利用优势或者对方没有经验,致使双方的权利义务明显违反公平原则的行为。显失公平的民事法律行为的显著特点就是双方当事人的权利与义务严重失衡。它包括两种情况:一种是乘人之危造成自始显失公平,如一方利用对方身患重病,以远低于市场的价格购买对方的房产;另一种是利用缺乏判断能力等情形造成自始显失公平,如银行向文化水平低的老年人推销理财产品,致使老年人购买了实际收益低的理财产品造成自始显失公平。《民法总则》第 151 条规定:"一方利用对方处于危困状态、缺乏判断能力等情形,致使民事法律行为成立时显失公平的,受损害方有权请求人民法院或者仲裁机构予以撤销。”

四、民事法律行为的附条件和附期限

【案例】 张公平告诉其17岁的外甥董敏法说,如果能够考上“985”大学,就赠送他一辆价值10万元的汽车。董敏法如愿考上一所“985”大学。张公平按照先前的约定送给董敏法一辆汽车,后又听说董敏法为限制民事行为能力人,无权接受这辆汽车。于是张公平以董敏法为限制民事行为能力人为由要求董敏法返还汽车,董敏法的父母表示拒绝,双方遂发生纠纷,诉至法院。

【问题】 这一民事法律行为是附条件的民事法律行为吗?为什么?

人们希望根据自己的判断为未来不特定事件作出法律上的安排,但形势的发展变化可能会导致当事人设定的法律行为无法实现。为了方便人们在民事法律行为中灵活地控制行为效力不发生或终止,民法规定了附条件和附期限的民事法律行为。

1. 附条件的民事法律行为

(1) 概念

附条件的民事法律行为是指民事法律行为中规定一定的条件,并且把该条件的成就或者不成就作为确定当事人的民事行为发生法律效力或者失去法律效力的根据的民事法律行为。例如,“如果明天下雨,我就向你买这把雨伞”就属于附条件的民事法律行为。

(2) 种类

根据所附条件对民事法律行为的效力所起的作用不同可分为：

第一，生效条件。指民事法律行为确定的民事权利义务在所附条件成就时才发生法律效力的条件，而在条件没有成就前，权利义务不生效。这种条件的作用在于推迟民事法律行为的效力，故叫延缓条件。

第二，解除条件。指民事法律行为中的权利义务在所附的条件成就时失去法律效力，故叫停止条件。而在条件没有成就前，民事法律行为的效力已经发生。如甲、乙双方在租赁合同中附加了条件：如果甲要出售房子，乙立即将该房退还给甲。“甲要出售房子”是该房屋租赁行为所附的解除条件。

在案例中，张公平赠送汽车的行为符合附条件民事法律行为中的延缓条件，因为它是以“董敏法考上‘985’”作为民事法律行为生效的前提，符合附条件的法律特征。所以董敏法考上了“985”大学，合同就生效了，董敏法可以得到汽车。董敏法在该民事法律行为中属于纯获利益的当事人。根据规定，限制民事行为能力人在从事的民事行为中如果纯获利益，则该民事行为的效力不因其为限制民事行为能力人而受到影响。因此该合同有效，张公平不能要求返还汽车。

2. 附期限的民事法律行为

(1) 概念

附期限的民事法律行为是指当事人在法律行为中设定一定的期限，并把该期限的到来作为法律行为效力的发生或消灭的依据的民事法律行为。

(2) 种类

第一，生效期限。指在期限到来之前，该行为已经成立，但其效力处于抑制状态，一旦期限届至，法律行为随之生效。如合同注明“自明年 2 月 1 日生效”，该日期就是合同的生效期限。

第二，失效期限。指在期限到来之前，该行为已经成立并生效，一旦约定的期限届至，民事法律行为即行消灭。如合同注明“本合同于今年年底终止”，今年年底就是该合同的失效期限。

第五章　行为能力的辅助与延伸
——代理制度

第一节　代理包括委托代理和法定代理
——代理概念及其分类

一、代理的概念与特征

【案例】 张公平春节期间出国旅游，同事董敏法听说后委托张公平代买一种该国产的名贵药材。董敏法的儿子听说此事后坚决反对，让其父亲不要购买。张公平旅游回来后将所买的价值 9 000 元的药送至董敏法家中，董敏法声称儿子不同意购买，所以药也就不要了，让张公平自己处理。张公平非常生气，认为这药董敏法应该收下。

【问题】 张公平购买名贵药材的法律后果到底应由谁来承担?

1. 概念

代理是指代理人在代理权限内以被代理人的名义与第三人实施的民事行为，其法律效力直接归属于被代理人。法律效力包括产生权利、负担义务、承担责任等。

《民法总则》第162条规定:“代理人在代理权限内,以被代理人名义实施的民事法律行为,对被代理人发生效力。”根据代理的概念,可以看出代理涉及三方当事人:一是代替他人实施民事法律行为的人,称为代理人;二是由他人代为实施民事法律行为并承受法律后果的人,称为被代理人,也叫“本人”;三是与代理人实施民事法律行为的人,称为相对人。例如,甲接受乙的委托,以乙的名义与丙签订合同。其中甲是代理人,乙是被代理人,丙是相对人。

2. 特征

(1) 代理人必须以被代理人的名义实施民事法律行为

代理人必须以被代理人的名义实施民事行为,意味着相对人知道代理人是代替被代理人实施民事法律行为。如果代理人以自己的名义进行民事活动,是他自己的行为,其法律后果应由代理人自己承受。

(2) 代理人必须在代理权限内实施民事法律行为

既然代理行为的法律效力直接归属于被代理人,被代理人为了约束代理人的行为,就必须限定代理人可以进行民事活动的权限。代理人超越代理权限实施民事法律行为的,除民法特别规定外,须经被代理人追认才能对被代理人产生效力,否则由代理人自己承担。如民法第43条规定:“财产代管人应当妥善管理失踪人的财产,维护其财产权益。”这一条是对失踪人的财产代管人作为法定代理人时代理权限的规定。

(3) 代理行为的法律后果直接归属于被代理人

代理是被代理人通过代理人的活动为自己设定民事权利义务的一种方式,那么代理人只要有代理权且没有超越授权范围,其代理行为形成的法律效力,自然直接归属于被代理人。

(4) 代理人所代理的行为必须是民事法律行为

代理在社会生活中运用极其广泛,如代人书写家书、代人看管物品是生活中的代理，但上述行为不是民法上的代理行为。代理行为必须是民事法律行为，只有设立、变更或终止被代理人与第三人之间的民事法律关系的行为，才是民法上的代理行为。如代理签订购房合同。

在案例中，张公平购买名贵药材是受董敏法的委托才进行的，其行为属于代理。《民法总则》第162条规定："代理人在代理权限内，以被代理人名义实施的民事法律行为，对被代理人发生效力。"本案中张公平购买名贵药材的法律后果应由董敏法承担。

二、代理的意义

【案例】 张公平的妻子患有精神分裂症，时好时坏，生活不能自理。2018年12月，张公平的岳父母相继去世。张公平代妻子处理岳父母的遗产。但张公平的妻弟却说张公平是外人，不能插手他们姐弟的事。

【问题】 张公平有权代理妻子处理遗产继承吗？

随着经济的不断发展，商业交易频繁，规模也不断扩大，民事主体因为自身能力和时空的限制，不可能事必躬亲，代理制度应运而生。

1. 弥补主体行为能力的不足

民事法律行为通常由民事主体自己实施，但无民事行为能力人不能独立实施民事法律行为，限制民事行为能力人不能实施超出其行为能力范围的民事法律行为。但有些民事法律活动他们必须参加，因此代理制度可以弥补主体行为能力的不足，使无民事行为能力人和限制民事行为能力人借助代理人实施民事法律行为，从而实现自己的民事权利。

案例中，张公平的妻子患有精神分裂症，精神状态时好时坏，生活不能自理，属于不能辨认自己行为的成年人。按照《民法总则》的规定："不能辨认自己行为的成年人为无民事行为能力人，由其法定代理人代理实施民事法律行为。"因此，张公平作为配偶是妻子的法定代理人，有权代理妻子处理遗产继承。

2. 拓展民事主体的行为空间

一方面，民事主体因为受到自身时间、精力及地域的限制，不可能事必躬亲处理一切民事法律行为，通过代理制度可以突破时空的限制，在国内外进行各种民事法律活动，降低成本，使自身的民事行为能力得以扩张。另一方面，民事主体因自身专业知识、能力、经验等方面有局限，而民事活动又具有复杂性和专业性的特点，如涉外合同等，民事主体通过代理制度可以维护交易、保障自己的利益。

3. 为意思自治原则的实现提供条件

民法总则规定了意思自治原则，即自愿原则，就是民事主体有权依照自己的意愿设立、变更、终止民事法律关系，自觉承担相应的法律后果。意思自治原则不仅允许民事主体依自己的意思亲自进行民事法律行为，也允许当事人依其自己的自由意思授权他人代为意思表示，这样更加充实了当事人进行民事活动的自由，使意思自治原则得以充分实现。

三、委托代理

【案例】 张公平去广州出差，邻居董敏法让其代买某品牌微型摄像机。张公平花了 8 000 元在广州购买了某品牌微型摄像机并送至董敏法家中，经当场试放，未发现质量问题，董敏法支付了8 000元。第三天，董敏法找到张公平说，摄像机有质量问题，要求张公平去广州调换。张公平要求董敏法一同前往并承担交通费用，遭拒绝。董敏法提出让张公平承担修理费1 000元，张公平同意补偿200元，董敏法未能接受。

【问题】 此案如何处理？

代理种类繁多，按照不同的标准划分为不同的类型。《民法总则》依据代理权产生的原因的不同，将代理分为委托代理和法定代理。

1. 概念

委托代理是指基于被代理人的委托授权所发生的代理。因委托代理中，被代理人是以意思表示的方法将代理权授予代理人的，故又称意定代理。在委托代理中，代理权的产生基于两个行为：一是委托授权书，二是委托授权行为。授权委托书是双方民事法律行为，它基于委托人（被代理人）和受托人（代理人）双方意思表示一致而成立，其内容是约定由受托人处理委托人的事务，因此委托授权书仅对委托人和受托人双方具有法律约束力，并不涉及第三人。在委托代理中，委托授权书的成立和生效并不直接产生代理权，还需要委托授权行为。只有在委托人作出委托授权行为之后，代理权才产生。

上述案例是一起因代理而产生的纠纷案。案例中，张公平和董敏法是委托代理关系。张公平接受董敏法的委托在广州为其购买微型摄像机一台，因而具有了代理权。张公平是在董敏法授权的范围内实施的民事法律行为，没有滥用代理权和超越代理权，因此张公平的行为是有权代理。且张公平已将该机交付给董敏法，董敏法也已付清了价款，至此张公平的代理事务已完成，双方的委托代理关系即告终止。那么，由此产生的法律效果就直接归属于被代理人即董敏法，故应由董敏法向出售商店交涉。

2. 形式

根据民法规定，在法律、行政法规没有特别规定或者当事人没有约定的情况下，委托代理授权既可以用书面形式，也可以用口头形式或者其他形式。如果法律、行政法规规定采取书面形式或者被代理人与代理人约定采取书面形式的，应当采取书面形式。如诉讼代理，代签经济合同等，均应采用书面形式。书面形式是最主要的一种授权形式，称为委托授权书。

根据《民法总则》第165条规定："委托代理授权采用书面形式的，授权委托书应当载明代理人的姓名或者名称、代理事项、权限和期间，并由被代理人签名或者盖章。"其中代理人的姓名或者名称，如代理人为自然人，要注明其姓名；代理人为法人，要注明其机构名称；代理事项，要注明代理人是代理一项还是数项事务；权限和期间要注明代理人行使代理权的起止时间等。这一规定的目的是为了减少实践中的纠纷。

3. 委托代理的特殊情形——职务代理

在民事实践中，委托代理主要通过委托授权书产生委托关系外，还存在着一种特殊情形即职务代理。

在现代经济社会中，商品经济交易频繁，不可能所有交易活动都由法定代表人代表法人来实施。于是，职务代理制度应运而生。职务代理是指根据其所担任的职务而产生的代理。即法人或其他组织的成员以及主要工作人员就其职权范围内的事项进行的法律行为，无需法人或其他组织的特别授权，其法律效果应当由法人或其他组织承担，如采购员可以代表公司采购、销售员可以代表公司销售等。《民法总则》第170条规定："执行法人或者非法人组织工作任务的人员，就其职权范围内的事项，以法人或者非法人组织的名义实施民事法律行为，对法人或者非法人组织发生效力。”根据规定，职务代理的构成必须满足以下三点：一是被代理人必须是法人或非法人组织；二是代理人必须是执行法人或非法人组织工作任务的人员；三是代理事项必须是职权范围内的事项。

例如，A公司的销售经理甲代理A公司向B公司采购了一批办公桌椅，在签订合同时，甲向B公司提供了自己销售经理的名片。B公司将桌椅送至A公司时，A公司以甲无权代理自己签订采购合同为由，拒绝接收桌椅并拒绝支付货款。B公司遂起诉A公司，要求其履行合同并赔偿损失。这一案例中，甲是销售经理，采购业务显然超出了他的职务权限，不满足职务代理的构成要件，不构成职务代理。

四、法定代理

【案例】 张公平和妻子离婚后，10岁的儿子由张公平抚养。一天，儿子将一邻居的眼睛打伤，花去治疗费3万元，邻居多次找张公平商议解决。但张公平表示孩子的事他管不了。邻居起诉到法院要求赔偿，张公平拒不到庭。

【问题】 张公平要为儿子打伤人承担责任吗？

1. 概念

法定代理是基于法律的直接规定而产生的代理。法定代理关系中的代理人可以是自然人，也可以是法人。比如说，父母是未成年子女的法定代理人，可以代替未成年子女进行民事活动。

2. 特点

(1) 法定代理人的代理权来自法律的直接规定，不需要被代理人的授权，不以被代理人的个人意思为转移。

(2) 法定代理人的代理权限范围也是由法律规定的，一般应代理被代理人的有关财产方面的一切民事法律行为和其他允许代理的行为，没有代理权限范围的特殊限制，属于全权代理。

(3) 法定代理人与被代理人之间往往存在某种特定的血缘或亲缘关系，这种特定的血缘或亲缘关系正是法定代理产生的基础。

(4) 法定代理设立的宗旨主要是为民事法律行为能力欠缺者设定的，目的是保证无民事行为能力和限制民事行为能力人能够通过代理行为顺利地参加民事活动，享有民事权利，承担民事责任。

(5) 法定代理都是无偿的。

3. 类型

(1) 监护关系

《民法总则》第27条和第28条规定："父母是未成年人子女的监护人。""无民事行为能力或限制民事行为能力的成年人，由下列有监护能力的人按照顺序担任监护人：配偶、父母、子女、其他愿意担任监护人的个人或组织。"《民法总则》第23条规定："无民事行为能力人、限制民事行为能力人的监护人是其法定代理人。"因此，监护人是无民事行为能力人和限制民事行为能力人的法定代理人。监护人一旦获得监护权，即依法成为被监护人的法定代理人，代理被监护人实施民事法律行为。

此案中，张公平的儿子由其抚养，张公平自然成了儿子的法定代理人。代理儿子参加诉讼是他的权利，也是他的职责和义务。张公平声称儿子的事他管不了的说法是不成立的，也是推卸不了责任的。因此张公平不但要代理儿子参加诉讼，而且还要为儿子的侵权行为承担赔偿责任。

（2）失踪人的财产代管关系

《民法总则》第 42 条规定："失踪人的财产由其配偶、成年子女、父母或者其他愿意担任财产代管人的人代管。代管有争议，没有前款规定的人，或者前款规定的人无代管能力的，由人民法院指定的人代管。"换言之，失踪人的财产依法被他人代管，财产代管人就成为失踪人的法定代理人，可依法代理失踪人实施民事法律行为。

（3）法律的其他规定

根据有关法律规定，在特定条件下，工会、妇联等群众团体有权代理职工、妇女参加某些民事活动或民事诉讼。①

（4）基于紧急状态法律特别授权的代理人

在某种紧急的特殊情况下，船长、承运人、保管人依据法律规定的紧急代理权，可以作为货主的代理人。这种代理权是因法律规定而产生，也属于广义上的法定代理。②

第二节　代理人从事代理行为后的法律效果——代理行为及其效果

一、代理的适用范围

【案例】　某画廊与画家梁一思约定，由梁一思创作国画 2

① 参见 http://www.lawtime.cn/info/minfa/dlfadingdl/201805073366493.html。

② 参见梁慧星：《民法总论》，法律出版社 2011 年版，第 224 页。

幅。每幅画价格为5 000元。画廊预付了5 000元订金。因梁一思忙于其国外画展,故让其学生代为创作国画2幅并盖上梁一思的印章送至画廊。画廊经鉴定,发现不是梁一思所作,要求梁一思重画,梁一思不肯。于是画廊起诉至某市人民法院。

【问题】 梁一思让学生代理其作画的行为有效吗?

1. 可以适用代理的行为

在现实生活中,代理制度有着广泛的适用范围。《民法总则》第161条第1款规定:"民事主体可以通过代理人实施民事法律行为。"凡是民事主体之间有关民事权利义务的设立、变更、消灭的民事法律行为,都可以适用代理制度。根据代理的性质,代理的适用范围主要包括:

(1) 代理进行双方或多方民事法律行为。如买卖、借贷、租赁、保险、赠与等。

(2) 代理进行单方民事法律行为。如追认他人行使追认权、撤销权等。

(3) 代理进行准民事法律行为。如代理他人进行要约邀请、要约撤回、债权的主张和承认等。①

(4) 代理进行申请行为。申请行为是指请求国家有关部门授予某种资格或特许权的行为。如专利代理人代理申请专利、商标代理人代理申请商标注册等。

(5) 代理进行申报行为。申报行为是指向国家有关部门履行法定的告之义务和给付义务的行为。如税务代理人代委托人办理税务登记、发票领购、纳税申报和减免税申请、审查纳税情况等

① 王竹:《中华人民共和国民法总则编纂对照表与条文释义》,北京大学出版社2017年版,第300页。

有关税收事宜。

(6) 代理进行诉讼行为。代理公民、法人等民事主体进行起诉、应诉、上诉等诉讼活动。如以原告、被告或第三人的诉讼代理人身份参加诉讼,维护被代理人的合法民事权益。

2. 不可适用代理的行为

代理在民事活动中适用范围很广泛,但并不是所有的行为、所有的民事活动都适用代理。《民法总则》第 161 条第 2 款规定:"依照法律规定、当事人约定或者民事法律行为的性质,应当由本人亲自实施的民事法律行为,不得代理。"

(1) 依照法律规定应当由本人亲自实施的民事法律行为,不得代理。

如我国《婚姻法》第 8 条规定:"要求结婚的男女双方必须亲自到婚姻登记机关进行结婚登记。符合本法规定的,予以登记,发给结婚证。"即男女双方必须亲自办理结婚登记,才能发生法律效力,不能由代理人代为进行。再比如遗赠、遗赠扶养协议、收养、继承的承认或抛弃等也要求当事人亲自办理,不得代理。

(2) 依照当事人约定应当由本人亲自实施的民事法律行为,不得代理。

按照双方当事人明确约定,应当由本人实施的民事法律行为,不得由他人代理。例如,在提供服务的合同中,当事人可能明确约定,必须由当事人亲自提供服务,此债务人就不得委托代理人实施该行为。①

(3) 依据民事法律行为的性质,应当由本人亲自实施的民事法律行为,不得代理。

---

① 参见王利明:《民法总则研究》,中国人民大学出版社 2018 年版,第 408 页。

这类行为往往是具有人身性质的民事法律行为。这类民事法律行为跟当事人的身份、情感、思想水平、艺术风格、思维方式及创作能力等分不开,必须由当事人亲自进行,否则该行为无效。

(4) 违法行为不适用代理

设立代理制度的目的,在于使民事主体可以通过代理制度从而实现自己的合法权益。因此,法律不允许利用代理制度去侵害他人利益和社会公共利益。因此,违法行为不得适用代理。违法行为,包括侵权行为、犯罪行为以及其他违反法律和社会公共利益的行为,例如非法侵害他人人身、财产的行为,私自买卖文物等行为,都是法律所禁止的行为,法律不允许任何人实施,当然也不能代理。《民法总则》第 167 条规定:"代理人知道或者应当知道代理事项违法仍然实施代理行为,或者被代理人知道或者应当知道代理人的代理行为违法未作反对表示的,被代理人和代理人应当承担连带责任。"如果代理人和被代理人明知代理事项违法仍要进行,双方应当共同承担法律责任。

本案例涉及的是代理适用范围的问题。我国《民法总则》规定,双方当事人约定不得由他人代理的行为,不得代理。此案根据合同,国画由当事人亲自创作,这跟当事人特定的人身紧密相联,必须由当事人亲自完成,不适用代理。所以,本案中梁一思必须亲自为画廊作画,而学生代为作画的行为无效。

二、代理行为的生效要件

【案例】 张公平是某单位后勤处负责人,其亲戚家的 20 头牛相继感染了传染病。张公平利用职务之便以单位食堂的名义买下全部病牛。单位职工食用后发生 7 人中毒,食堂将剩下的牛肉倒掉，造成经济损失30 000元。单位责令张公平追回牛肉款。张公平表示他是代理单位购买牛肉，损失应由单位负责，与其个人没有关系。

【问题】 此案如何处理？

代理行为具备成立条件的，即告成立。但已经成立的代理行为是否有效，还需要看代理行为是否具备生效要件。代理行为的生效要件分一般要件和特别要件。

1. 代理行为生效的一般要件

代理行为属于民事法律行为的一种，民事法律行为生效的要件，代理行为也应该具备。

(1) 代理人具有相应的民事行为能力

代理人是以被代理人名义进行代理活动的人。因此代理人应具备相应的民事行为能力。代理人可以是自然人或法人。自然人为代理人时，必须具有相应的民事行为能力；法人为代理人时，其代理行为应符合法人的宗旨和业务范围。《民法总则》第173条和第175条都规定了代理人丧失民事行为能力时，委托代理和法定代理都终止。

(2) 意思表示无瑕疵

意思表示是民事法律行为的核心要素。如果意思表示有瑕疵，会影响到民事法律行为的效力，使当事人的意思无法达成预定的目的。民法总则将意思表示真实作为民事法律行为的有效要件。在《民法总则》中，重大误解、欺诈、胁迫、显失公平都属于意思表示有瑕疵的民事法律行为，这类民事行为虽已成立并生效，但因意思表示存在瑕疵，法律赋予特定一方当事人行使撤销权，使已经生效的民事法律行为自始无效。同理，代理行为意思表示是否真实，是否具有瑕疵，也是直接影响代理行为是否有效的一般要件。

(3) 不违反法律、行政法规的强制性规定,不违背公序良俗

代理行为成立的条件之一是违法行为不适用代理。因此代理行为要生效,必须是不违反法律和社会公共利益,是法律容许代理的行为。例如被代理人委托代理人购买枪支弹药等,这样的代理行为因标的违法而无效。

案例中涉及的是代理行为无效的问题。《民法总则》第146条规定:“代理人和相对人恶意串通,损害被代理人合法权益的,代理人和相对人应当承担连带责任。”张公平的行为虽然在形式上是代理该单位的行为,但根据本条规定,在本质上是一种无效的代理行为,因而张公平应与其亲戚对该单位的损失负连带赔偿责任。

2. 代理行为生效的特别要件

代理不同于一般的民事法律行为,代理行为生效除了民事法律行为生效的一般要件外,还需要具有特别要件。

(1) 代理人有代理权

代理人有代理权是代理行为当然、确定、完全发生代理效力的要件。代理权并不属于民事权利,而是一种权限、资格或法律地位。在代理关系中,代理权最为重要。代理是代理人以被代理人的名义在代理权限内进行直接对被代理人发生效力的法律行为。代理人应在代理权限范围内行使代理权,不得无权代理。超越代理权的代理行为,必须经被代理人追认,否则代理行为产生的后果由代理人承担。

(2) 须有被代理人的存在

《民法总则》第173条规定了代理人死亡或者被代理人的法人、非法人组织终止,那么委托代理也终止;第175条规定了被代理人取得或者恢复完全民事行为能力,被代理人死亡时,法定代

理终止。因此被代理人的存在是代理行为生效的特别要件。这是因为代理是代理人在代理权限范围内以被代理人的名义实施的法律行为，而且法律行为所产生的法律后果直接由被代理人承担。如果没有被代理人的存在，代理行为也将终止。

三、代理行为的法律效果

【案例】 张公平去购买彩票时，其友董敏法给张公平10元钱让其顺便代购彩票，同时告知购买号码，并一再嘱咐张公平不要改变。张公平预测董敏法提供的号码不能中奖，便擅自更换号码购买了彩票并替董敏法保管，董敏法只得笑纳。开奖时，张公平为董敏法购买的彩票中了奖，二人为奖项归属发生纠纷。

【问题】 此案中代理行为的法律效果由谁来承担？

在社会生活中，因代理而引发纠纷的现象很常见。有时大家往往都不清楚代理行为所产生的效果，究竟由谁来负责．所谓代理行为的法律效果是指代理人从事代理行为后产生的法律效果。①

1. 合法有效的代理行为的法律效果直接由被代理人承担

根据《民法总则》第162条规定："代理人在代理权限内，以被代理人名义实施的民事法律行为，对被代理人发生效力。"也就是说，只要是合法有效的代理行为所产生的法律效果应该由被代理人承担，代理人无需承担代理行为的法律后果。因为代理人是在代理权限内以被代理人的名义作出意思表示的。

---

① 参见王利明：《民法总论》，中国人民大学出版社2015年版，第294页。

2. 代理违法事项的法律效果由被代理人和代理人承担连带责任

代理违法事项造成相对人损害的，由谁来承担法律效果？《民法总则》第167条规定："代理人知道或者应当知道代理事项违法仍然实施代理行为，或者被代理人知道或者应当知道代理人的代理行为违法未作反对表示的，被代理人和代理人应当承担连带责任。"例如甲委托乙销售假冒伪劣产品，乙知道销售的是假冒伪劣产品仍然销售，则甲、乙承担连带责任。如果代理人不知道或不应当知道代理事项违法，那么就由被代理人承担民事责任。例如，甲委托乙销售假冒伪劣产品，乙不知道销售的是假冒伪劣产品，则甲承担民事责任。

3. 表见代理的法律效果由被代理人承担

如果代理人从事的无权代理行为构成表见代理，代理的效果应由被代理人承担。①（表见代理见本章第四节）

在案例中，董敏法委托张公平代其购买彩票，且张公平代董敏法购买彩票后并替董敏法保管。说明张公平、董敏法之间成立委托代理关系，该代理行为的法律后果归董敏法。另外张公平擅自更换董敏法指定的彩票号码的行为属于无权代理中的越权代理，事后董敏法进行了追认。因此彩票所中奖金应归董敏法所有。

四、代理人的责任

【案例】 董敏法委托邻居张公平将其挖到的名贵草药带到上海卖掉。张公平却将草药以低于上海市场将近2 000元的价格

① 参见王利明：《民法总论》，中国人民大学出版社2015年版，第294页。

卖给了邻村的老中医，并收取800元的好处费。两人约好对外说这草药在上海不值钱。董敏法偶然得知此情，遂要求张公平和老中医赔偿自己的损失。

【问题】 此案如何处理？

代理人在完成代理行为后，代理人退出被代理人和相对人之间的法律关系，对代理行为的法律后果无须承担责任。但是，如果代理人在代理行为过程中因自身存在的过错造成被代理人或相对人损害的，代理人也要承担相应的法律后果。①

1. 对被代理人的责任

(1) 代理人不履行或者不完全履行职责，造成被代理人损害的，应当承担民事责任。这种不履行包括拒绝履行和不完全履行。若代理人不履行或者不完全履行职责，未给被代理人造成损害的，将不承担法律责任。

(2) 代理人和相对人恶意串通，损害被代理人合法权益的，代理人和相对人应当承担连带责任。代理人和相对人恶意串通，损害被代理人合法权益，构成共同侵权，因此代理人和相对人应当向被代理人承担连带责任。

案例中，张公平和老中医的行为是代理人与第三人串通损害被代理人的行为。董敏法委托张公平将草药带到上海去卖，而张公平却将草药卖给老中医，这本身就违背了被代理人的意思；而且张公平还以低于市场价的价格出让草药，更是直接损害了董敏法的利益；张公平在出让草药的过程中，私下收受了老中医给予的好处费，将草药以低价卖出，这就是相互串通，共同损害被代理人的利益。根据《民法总则》的规定，本案中张公平与第三人老中

① 参见郑云瑞：《民法总论》，北京大学出版社2018年版，第410页。

医应对董敏法的损失承担连带赔偿责任。

(3) 代理人滥用代理权或自己代理、双方代理损害被代理人利益的行为,应当承担民事责任。这是根据民法总则第168条的规定:“代理人不得以被代理人的名义与自己实施民事法律行为,但是被代理人同意或者追认的除外。代理人不得以被代理人的名义与自己同时代理的其他人实施民事法律行为,但是被代理的双方同意或者追认的除外。”

2. 对相对人的责任

代理人因其自身行为的过错造成相对人利益受损的,也应当承担民事责任。

(1) 根据《民法总则》第167条的规定,代理人知道或者应当知道代理事项违法仍然实施代理行为造成相对人损害的,被代理人和代理人应当承担连带责任。

(2) 转委托代理未经被代理人同意或者追认的,代理人应当对转委托的第三人的行为承担责任,但是在紧急情况下代理人为了维护被代理人的利益需要转委托第三人代理的除外。

(3) 代理人从事无权代理行为,未获得被代理人追认,而又未构成表见代理的。此时代理行为应被认定无效,代理人应当对相对人承担责任。

第三节　代理人与被代理人之间的代理关系消灭——代理终止

一、委托代理终止的原因

【案例】 某银行支行与某律师事务所签订了一份委托合同,

约定支行与某建材公司债务一案，委托律师事务所律师张公平为代理人。如律师事务所无故终止合同，代理费全部退还；如支行无故终止合同，代理费不予退回。张公平为此案两次调查取证，费用由支行负担。后支行根据总行的要求致函律师事务所要求终止委托代理协议，但律师事务所不同意，诉至法院，要求支付违约金。

【问题】 支行要赔偿律师事务所违约金吗？

代理关系在社会生活中比较常见，为了约束被代理人和代理人的相关权益，民法总则对代理终止的情形也作出了具体的规定。代理权的终止是指代理人与被代理人之间的代理关系消灭，代理人不再以被代理人的名义实施民事法律行为的活动。民事活动范围广泛，社会生活内容丰富，因而代理权终止的原因也是复杂的。《民法总则》对委托代理和法定代理终止的原因作出了明确的规定。

委托代理终止，是指基于委托授权而获得代理权的代理人即委托代理人所享有的代理权依法消灭的情形。①根据《民法总则》第 173 条规定，具有下列情形之一的，委托代理终止：

1. 代理期间届满或者代理事务完成

届满或者代理事务完成是代理权终止的主要原因。代理期间是委托代理授权时确定的代理权的存在期间。如果授权时有明确的具体的代理时间，期限届满，委托代理就应当终止，或者代理人完成了全部或某项代理事务时，委托代理也应当终止。期限届满或代理事务完成的时间，以代理证书的记载为准。如果记载

① 栾兆安：《民法总则简明知识例解》，中国民主法制出版社 2017 年版，第 201 页。

不明的，被代理人有权随时以单方面的意思表示终止代理权。

2. 被代理人取消委托或者代理人辞去委托

代理双方如果主观上失去信任或者客观上不需要委托，那么被代理人可以依法取消委托关系，代理人也可以依法辞去委托，这时委托代理关系终止。例如代理人不能勤勉尽责，不能完成委托人交给的特定任务，或者与第三人恶意串通损害委托人的利益的。《合同法》第 410 条规定："委托人或者受托人可以随时解除委托合同。因解除合同给对方造成损失的，除不可归责于该当事人的事由以外，应当赔偿损失。"

3. 代理人丧失民事行为能力

代理人获得代理权的前提是具有民事行为能力。因为代理人必须亲自作出意思表示，而一旦丧失民事行为能力——意思能力，则无法完成代理。代理人如果因为种种原因丧失行为能力，自然就不能继续实施代理行为。

4. 代理人或者被代理人死亡

代理关系存在的前提是具有代理人或者被代理人，代理人或被代理人任何一方死亡，致使代理关系的一方失去了主体，代理关系就应当终止。不过《民法总则》第 174 条第 1 款规定了即便被代理人已经死亡，代理人所实施的代理行为仍继续有效的除外。

5. 作为代理人或者被代理人的法人、非法人组织终止

法人终止同自然人死亡一样，法人的权利能力和行为能力随之消灭，作为被代理人或者代理人的资格也随之消灭，委托代理也应当终止。

此案中，双方签订的是委托代理合同。支行撤销律师事务所的代理权，是法律赋予的权利，不属于违约行为。代理权撤销后，代理即终止。律师事务所要求支付违约金的请求，缺乏事实根

据，法院不予支持。

二、法定代理的终止原因

【案例】 张公平与魏荃泽结婚后，魏荃泽因一次意外事件精神受刺激导致精神失常。由于魏荃泽患上精神病，成为无民事行为能力人，张公平作为其配偶成为魏荃泽的监护人，同时也是她的法定代理人。魏荃泽父母临终前给其留下遗产300万元，由张公平代为保管。三年后，张公平与魏荃泽离婚。张公平和魏荃泽的奶奶为由谁保管这300万遗产发生了分歧。

【问题】 法院如何处理此案？

法定代理终止，是指基于法律规定享有代理权的代理人即法定代理人所享有的代理权依法消灭。①根据《民法总则》第175条的规定，有下列情形之一的，法定代理终止：

1. 被代理人取得或者恢复完全民事行为能力

法定代理制度意在填补被代理人行为能力的不足，因此如果被代理人一旦取得或恢复完全民事行为能力，法定代理权随即消灭。比如未成年人年满18岁，或者精神病人恢复精神健康，被代理人获得独立实施民事法律行为的资格，法定代理就没有存在的必要，法定代理自然终止。

2. 代理人丧失民事行为能力

法定代理属于一般代理，代理范围极其广泛，为了保护被代

① 参见栾兆安：《民法总则简明知识例解》，中国民主法制出版社2017年版，第204页。

理人(未成年人和无民事行为能力或限制民事行为能力的成年人)的利益,法定代理人必须具备相应的民事行为能力,否则无法有效保护被代理人的利益。因此代理人丧失民事行为能力时,因其无法有效履行代理职责,代理关系当然终止。

3. 代理人或者被代理人死亡

代理人死亡,将无法弥补被代理人行为能力的瑕疵,保护被代理人权益或者被代理人死亡,法定代理无存在的必要。因此代理人或者被代理人死亡的,法定代理的基础不再存在,代理权也随之消灭。"死亡"既包括自然死亡,也包括宣告死亡。

4. 法律规定的其他情形

除了上述三种法定代理终止的情形外,法律还规定了法定代理终止的其他情形,主要是指除上述原因外导致代理人与被代理人之间的监护关系消灭。根据《民法总则》第 23 条的规定:"无民事行为能力人、限制民事行为能力人的监护人是其法定代理人。"如果有《民法总则》第 39 条第 1 款第(四)项"人民法院认定监护关系终止的其他情形",或者第 36 条规定,如监护人严重实施损害被监护人身心健康行为的,监护关系消灭,法定代理权也随之消灭。如夫妻离婚、财产代管人变更、户口迁移等都会引起监护关系的消灭,从而导致法定代理的终止。再如收养关系的解除,收养人和被收养人之间的监护关系消灭,因此收养人的代理资格终止。

此案例中,由于张公平与魏荃泽的婚姻关系已经解除,监护关系随之消灭,故张公平对魏荃泽的法定代理也终止,他无权再代理魏荃泽保管 300 万遗产。这属于《民法总则》第 175 条规定的第四种情形:法律规定的其他情形。

三、代理关系终止的效力

【案例】 张公平是甲公司的业务主管，在甲公司有很大的代理权限。董事长嫉妒张公平的才能无故解雇了张公平。张公平怀恨在心，继续以甲公司的名义从老客户乙公司处骗得货物。乙公司要求甲公司付款，甲公司则以张公平假冒公司名义为由拒绝付款。乙公司坚持认为其并不知张公平已被甲公司解雇，并且也未收到关于甲公司已解雇张公平的任何通知。双方相持不下，对簿公堂。

【问题】 甲公司是否要为张公平的行为负责？

1. 代理关系终止后，代理权归于消灭，代理人不得再以代理人的身份进行活动，否则即为无权代理，要承担无权代理的法律责任。

2. 代理关系终止后，代理人在必要和可能的情况下，要及时向被代理人或其继承人、遗嘱执行人、清算人、新代理人等，就其代理事务及有关财产事宜作出报告和移交，妥善处理善后事宜。

3. 代理人应向被代理人交回代理证书及其他证明代理权的凭证。在代理权终止后，代理人不能留置委托授权书，应将授权文件交还给被代理人，以防止出现无权代理或表见代理，给社会造成不必要的纠纷。如果代理人在代理权终止以后，仍然保留代理证书，以被代理人的名义继续行为，将构成无权代理。

4. 被代理人也应该及时向代理人收回授权书，如介绍信，授权委托书等。否则代理关系终止以后，代理人继续实施代理行为，如果第三人有合理理由相信代理人仍具有代理权也可能构成表见代理，此种代理行为依然有效，被代理人将承担代理人行为的法律后果。

5. 代理关系终止后，被代理人要及时通知相对人，如果代理关系终止后被代理人并未通知相对人，相对人不知情而与代理人订立了合同或为其他法律行为，则本着为保护其善意而要求被代理人对代理人的有关行为承担责任，即适用有关表见代理的规则。如果代理权终止后被代理人已及时通知相对人，后者仍与代理人签订合同或为其他法律行为，则被代理人对此无需负责。

6. 代理人有为被代理人保密的义务，不得向他人泄露有关被代理人的秘密和隐私。

这是一起因代理关系终止后及时通知相对人的案例。张公平对甲公司的代理行已经终止，张公平的行为是无权代理行为。但乙公司是不知情的善意第三人，甲公司仍应对张公平的无权代理行为负责。在确定了甲公司对乙公司的付款责任后，甲公司可向张公平追偿，张公平要向甲公司承担还款的责任。

四、被代理人死亡后的代理行为

【案例】 张公平到东北出差，董敏法听说后委托张公平代买一种名贵药材。张公平出差归来后将所买的价值8 500元的药送到董敏法家中。但董敏法的儿子告诉张公平，其父已于不久前去世，这药本来就是给他治病的，现在父亲已不在，药也就不要了，请张公平自己处理。张公平非常生气，认为不管董敏法是否活着，董家都应该收下。

【问题】 张公平购买名贵药材的法律后果到底应由谁来承担？

根据《民法总则》第173条规定，被代理人死亡，导致委托代理终止。但是在某些特殊情况下，代理继续有效。根据《民法总则》第174条的规定，被代理人死亡后，有下列情形之一的，委托代理人实施的代理行为有效。

1. 代理人不知道并且不应当知道被代理人死亡

"不知道"是指代理人主观上不知道。"不应当知道"是指代理人客观上不可能知道。比如，被代理人突然死亡，代理人在国外出差忙于代理事务，被代理人的家属没有及时通知代理人的这种情况，虽然被代理人已经死亡，但代理人在履行代理行为时并不知道也不应当知道被代理人死亡，此时代理行为有效。因为代理人是基于被代理人的委托授权在代理权限内行使代理权的，其代理后果由被代理人承担。

2. 被代理人的继承人予以承认

被代理人死亡后，其继承人在知道代理人及代理行为存在后，对代理人及代理行为予以承认，表示愿意接受代理行为的后果，那么代理人可以继续实施代理行为，该代理行为所产生的法律效力，对被代理人的继承人发生作用。

3. 授权中明确代理权在代理事务完成时终止

被代理人在授权时如果在授权委托中明确了代理权在代理事务完成时才终止的，即使被代理人死亡，但代理事务没有完成的，也要尊重被代理人意思表示，代理人继续从事代理活动，直到代理事务完成。此时的代理行为依然有效。

4. 被代理人死亡前已经实施，为了被代理人的继承人的利益继续代理

被代理人死亡前代理人已经实施了代理行为，被代理人死亡后，如果终止代理行为，有可能损害被代理人的继承人利益的，或者继续实施代理行为，有利于被代理人的继承人利益的，代理人

应当继续完成该代理行为，这一代理行为有效。

5. 作为被代理人的法人、非法人组织终止的，参照适用前款规定

如果被代理人不是自然人，而是法人、非法人组织，其终止后如果存在类似情况的，也可以认为代理行为继续有效，其后果由法人、非法人组织的承受人接受。

此案中，张公平购买名贵药材是受董敏法的委托，应属于委托代理。张公平不知道并且不应当知道董敏法死亡，代理行为仍然有效。代理人因实施代理行为所取得的后果应由被代理人的继承人受领，由此所产生的债务作为被代理人的债务，以被代理人的遗产或者其继承人或受遗赠人来承担。本案中，董家理应出钱买下此药。

第四节　代理人在从事代理行为时未获得代理权——狭义的无权代理和表见代理

一、无权代理的概念与特征

【案例】 董敏法受张公平委托去某房产公司看房，看中一套商品房，即以代理人的身份与房产公司签订了一份《商品房认购书》，并代缴定金 90 000 元。董敏法在《认购书》代理人一栏中签了名，但张公平未在认购书上签名，也没有盖章。张公平实地看房后对该房屋不满意，便和董敏法一起向房产公司要求解除《认购书》并返还定金，遭到房产公司拒绝。

【问题】 房产公司应返还张公平定金吗？

1. 概念

代理是民法中重要的制度，在社会经济生活中起着不可替代的作用。代理人只有获得代理权才能从事有效的代理行为，而在没有代理权的情况下所实施的任何行为，都是无权代理。

所谓无权代理是指不具有代理权而以被代理人的名义所实施的民事行为。《民法总则》第171条规定："行为人没有代理权、超越代理权或者代理权终止后，仍然实施代理行为，未经被代理人追认的，对被代理人不发生效力。"如甲私刻公司公章，并伪造了一份采购合同，用这份合同以公司的名义与某公司签订采购合同，就是无权代理。在民法理论中，无权代理分为广义的无权代理和狭义的无权代理，广义的无权代理包括狭义的无权代理和表见代理，而狭义的无权代理不包括表见代理。

2. 特征

(1) 符合代理的表面特征，以被代理人名义进行民事活动

行为人所实施的民事法律行为，其行为符合代理行为的表面特征，即以被代理人的名义独立地对第三人为意思表示的民事行为，并将其行为的法律后果直接归属于他人。

(2) 行为人不具有代理权，这是无权代理的本质特征

行为人没有代理权包括根本未经授权的代理、超越代理权的代理和代理权已终止后的代理三种情况。在这些情况下行为人实施的代理行为不具有代理权。

(3) 效力不确定

无权代理行为的法律效果是不确定的，并非绝对不能产生代理的法律后果。在广义的无权代理中，如果该代理行为表面上足以使相对人相信代理人有代理权，或者无权代理的行为对被代理人或相对人有利，从鼓励交易、维护交易秩序稳定及保护各方当事人的利益出发，在一定的条件下，则承认无权代理产生代理的

法律效果，如经过追认的狭义无权代理、表见代理。

在案例中，涉及的法律问题主要是房屋买卖中的无权代理。张公平仅委托董敏法看房而非买房，董敏法便以张公平的名义与房产公司签订《认购书》，属越权行为，该《认购书》属效力待定。通过追认，可以使无权代理行为成为有权代理行为。但本案中张公平既未在认购书上签名也未盖章，并且事后提出退房，显然张公平拒绝承认该《认购书》的效力。因此《认购书》对张公平不具法律效力，房产公司应返还张公平定金 90 000 元整。

二、狭义的无权代理的概念和法律后果

【案例】 甲商场聘请张公平到乙公司采购空调，并出具了采购空调的委托授权书。张公平采购空调后，见乙公司的暖风机小巧实用，尤其在北方没有来暖气之前对普通家庭非常实用，遂自行决定为甲商场购买一批该公司生产的暖风机。货运到后，甲商场即对外销售该暖风机。后因该市提前供应暖气，暖风机的销量大减。甲商场这时想到张公平是自作主张购买暖风机的，商场有权拒绝支付货款。乙公司因收不回货款而诉至法院。

【问题】 本案中甲商场是否应该支付货款？为什么？

1. 概念

所谓狭义的无权代理，是指行为人没有代理权，也没有使第三人足以相信其有代理权的客观事实，而以被代理人的名义所为之代理。根据《民法总则》第 171 条第 1 款的规定，狭义的无权代理有以下几种情形。

(1) 没有代理权的无权代理

这是指行为人既没有经他人委托授权，又没有法律上的根

据，也没有人民法院或者主管机关的指定，而以被代理人的名义实施的民事法律行为。比如行为人私刻印章、伪造授权委托书、伪造合同等，就是典型的狭义的无权代理。

(2) 超越代理权的无权代理

这是指行为人和被代理人之间有代理关系的存在，但行为人所实施的行为超越了代理权限范围而无效。如甲委托乙购买大豆10万公斤，乙购买大豆20万公斤就属于超越代理权的无权代理。

(3) 代理权终止后的无权代理

这是指行为人原先有代理权，但因代理期限届满、代理事务完成或者被代理人解除代理权后，仍以被代理人的名义进行的代理活动。如甲解除乙的委托授权后，乙仍以甲的名义进行民事法律活动。

2. 法律后果

无权代理并非当然无效，我国《民法总则》将狭义的无权代理行为认定为效力未定的民事法律行为。无权代理是否有效，取决于被代理人和相对人的意思表示。根据《民法总则》第171条的规定，狭义的无权代理的法律后果有以下几种情形：

(1) 被代理人的追认权和拒绝权

追认是被代理人对无权代理行为事后予以承认的单方民事法律行为。无权代理行为发生后，其效力处于未定的状态，被代理人享有追认或拒绝追认的权利。根据《民法总则》第171条第1款的规定："行为人没有代理权、超越代理权或者代理权终止后，仍然实施代理行为，未经被代理人追认的，对被代理人不发生效力。"被代理人的追认要以明示的方式向相对人作出，也可以向无权代理人作出。一旦被代理人作出追认，即直接对被代理人发生法律效力，产生与有权代理相同的法律效果，代理行为自始有效。

被代理人也可以拒绝追认。拒绝追认有两种方式:一是被代理人在得知无权代理行为后,直接向相对人表示否认该无权代理行为。二是被代理人在收到相对人的催告通知一个月内,未作表示的,视为拒绝追认。

在案例中,张公平自行决定购买乙公司生产的暖风机属于超越代理权限而为代理行为的情形,是狭义的无权代理行为,所以张公平与乙公司签订的购销合同属于效力待定的合同。但是,甲商场接收了该货物并实际对外销售该暖风机,甲商场以实际行为表明其对该效力未定合同进行了追认,追认后该合同即为有效合同,甲商场应当履行合同义务,支付货款。

(2) 相对人的催告权和撤销权

所谓催告权,是指相对人催促被代理人自收到通知之日起1个月内作出追认或拒绝的意思表示。根据《民法总则》第171条第2款第1项的规定:"相对人可以催告被代理人自收到通知之日起一个月内予以追认。被代理人未作表示的,视为拒绝追认。"

所谓撤销权,是指善意的相对人在被代理人未承认无权代理行为之前,可撤销其与无权代理人实施的法律行为。①根据《民法总则》第171条第2款第2项的规定:"行为人实施的行为被追认前,善意相对人有撤销的权利。撤销应当以通知的方式作出。"

(3) 行为人的责任

狭义无权代理行为发生后,行为人所实施的行为如果没有被被代理人追认,那么该行为对被代理人不产生法律效力,无权代理的行为人自己要承担相应的法律责任。根据《民法总则》第171

---

① 王利明:《民法总则研究》(第3版),中国人民大学出版社2018年版,第477页。

条第3款的规定："行为人实施的行为未被追认的，善意相对人有权请求行为人履行债务或者就其受到的损害请求行为人赔偿，但是赔偿的范围不得超过被代理人追认时相对人所能获得的利益。"据此，行为人要对相对人进行损害赔偿。但是相对人知道或者应当知道行为人无权代理的，相对人和行为人按照各自的过错承担责任。

三、表见代理的构成要件

【案例】 甲公司曾委托张公平负责购买几种原材料，后甲公司撤销了对张公平的授权委托，但未收回张公平手中的数份盖有甲公司公章及合同专用章的空白合同书。两个月后，张公平凭这几份空白合同书以甲公司名义与丙、丁、戊公司分别签订了原材料购销合同。丙、丁、戊公司将原材料运至甲公司，甲公司拒收。

【问题】 甲公司有权拒收吗？

《民法总则》第172条规定："行为人没有代理权、超越代理权或者代理权终止后，仍然实施代理行为，相对人有理由相信行为人有代理权的，代理行为有效。"这在法律上确立了表见代理制度。表见代理是无权代理的一种，指行为人虽无代理权，但由于具有外表授权的特征，相对人有理由相信行为人有代理权的无权代理。表见代理要发生有效代理的效果，首先要符合代理的一般要件，比如须有三方当事人、代理行为合法等。除一般要件外，表见代理还需要具备特别法律要件。

1. 行为人没有代理权

表见代理是广义的无权代理，只有在行为人无代理权的情形下才能发生。如果行为人有代理权，就适用有权代理的规定。行为人没有代理权是指行为人客观上不存在有效的代理权，既没有法定代理权，也没有委托代理权。行为人自始没有代理权，或者超越代理权，或者代理权终止后仍以被代理人名义实施民事法律行为。

2. 客观上有使相对人相信行为人有代理权的理由

行为人虽没有代理权，但行为人在客观上有使相对人相信行为人有代理权的理由。行为人无权代理行为在客观上形成具有代理权的外观表象。如被代理人以书面或口头形式直接或间接地向相对人表示某行为人为自己的代理人，而事实上并未授权，相对人信赖被代理人的表示而与某行为人进行交易。或者被代理人与行为人之间的委托合同不成立、无效或被撤销，但尚未收回代理证书，相对人基于对代理证书的信赖，与行为人进行交易。又或者代理关系终止后被代理人未采取必要措施，造成相对人不知代理关系终止而仍与行为人为交易等。总之，相对人根据事实判断得出行为人有代理权。

3. 相对人主观上为善意

相对人不知道或也不应当知道行为人是无代理权的，这是表见代理成立的主观要件，即相对人是善意的。相反如果相对人出于恶意，明知行为人无代理权，仍与其实施民事法律行为的，或者出于过失，应当知道行为人无代理权，却因疏忽大意或过于自信而没有预见到相对人没有代理权而与其进行民事法律行为的，那么相对人对无权代理行为也负有责任，表见代理也不成立。若相对人有恶意，明知行为人无代理权还要与之进行民事法律行为的，按民法通则第 171 条第 4 款的规定，相对人和行为人按照各自的过错承担责任。

案例中张公平的行为属于表见代理。本案中张公平为无权代理人，但由于张公平持有盖有甲公司公章及合同专用章的空白合同书，因此，丙、丁、戊公司有理由相信张公平有代理权，而且这三家公司主观上是善意的，因此甲公司无权拒收原材料。

四、表见代理的法律后果

【案例】 张公平是一家公司的业务经理，因业务需要，经常在某酒店招待客户，费用由公司按期结清。最近结算时，该酒店被公司告知，由于张公平已经辞职，他近几次的招待费用都是用来宴请私人朋友，公司拒绝为其埋单。

【问题】 此案如何处理？

根据《民法总则》第 172 条规定，表见代理虽然是无权代理，但其法律效果却相当于有权代理。

1. 对被代理人的法律后果

表见代理依法产生有权代理的法律效力，即无权代理人与相对人之间实施的民事法律行为对于被代理人具有法律约束力，表见代理人不向相对人承担任何责任。被代理人不得以无权代理为由进行抗辩，也不得以表见代理具有故意或过失为理由而拒绝承担表见代理的后果，也不得以没有过失作为抗辩，主张代理行为无效。

被代理人承担表见代理行为所产生的法律后果后，可以向表见代理人追偿，要求表见代理人进行损害赔偿。如果被代理人有过错的，根据过错的程度承担相应的责任。如果被代理人没有过错的，那么要求表见代理人承担全部责任。

2. 对相对人的法律后果

表见代理旨在保护相对人的利益，对于表见代理行为，相对人有选择权。相对人可以选择主张构成表见代理，接受与被代理人的民事法律行为，与被代理人之间发生权利义务关系；也可以按狭义无权代理来处理，享有撤销权，在被代理人追认前行使撤销权，从而使得整个代理行为归于无效，并要求无权代理人承担损害赔偿责任。

本案中，张公平曾经有在该酒店签单的代理权，但是其辞职后以及擅自招待私人朋友仍以公司名义签单的行为，属无权代理。不过由于张公平长期在酒店签单，其所在公司也没有将其辞职的情况及时通知酒店，并且是否属于客户，酒店方面也无法识别，所以酒店有理由相信张公平的签单行为有代理权，该代理行为有效，即构成了表见代理。因此张公平所在的公司应该负责酒店的相关费用，其损失可以向张公平追偿。

第六章 时间经过与权利变动
——时效制度和期间

第一节 督促权利人及时行使权利
——时效的概念和功能

一、时效的概念

【案例】 张公平即将出国进修 4 年,他想出国后自己一套高级音响设备将无人使用,太可惜了。张公平有一个好朋友董敏法,一直非常喜爱张公平的这套音响设备,张公平估计他会愿意接受这套音响设备。张公平找到董敏法,表达了自己即将出国,想将音响设备转售给他的想法。董敏法表示如价格合适,他愿意买下。随后双方经过协商,以 5 万元价格成交。当日,张公平就将音响交给了董敏法,而董敏法给张公平打了一张欠条,载明:因购买张公平高级音响设备一套,欠张公平 5 万元整,保证在 3 个月之内付清。此后一直到张公平出国,张公平一直没找董敏法索要价款。

张公平出国期间,董敏法和他一直有通信往来,但张公平从未提出过要他还5万元一事。4年后张公平回国。后因事需要资金,张公平找到董敏法索要音响价款,董敏法却说,这种债务已超过3年,根本不用还了!张公平当即表示不同意。后张公平起诉到法院。

【问题】 董敏法为什么认为不用清偿债务?他的要求能否得到法庭的支持?

世间万物都随着时间的流转不断变化,法律关系也是一样。最早在两千多年前的罗马《十二铜表法》中就规定:"凡占有土地(包括)房屋二年,其他物品一年的,即因时效取得所有权。"时间的经过,能引起法律上的后果,今天世界各国的法律对此也都普遍认可,时效制度就是对此的确认。案例中,董敏法因为债务已经相隔了很长的时间,就认为他可以不用清偿债务。显然他认为时间改变了债权债务关系在法律上的认定,他们的债权债务关系已不受法律的保护。他的主张有法律的依据,依据就是我国民法的诉讼时效制度。诉讼时效制度是时效制度的一种。

所谓时效,指一定事实状态在法定期间持续存在,从而产生与该事实状态相适应的法律效力的法律制度。①事实上当一定的事实状态持续一定的时间,就会形成稳定的社会关系,进而形成人们习惯的正常稳定秩序,一旦打破这种稳定的社会关系,生活在其中的人们就无所适从,必然导致秩序混乱。民事法律之所以设立时效制度的目的就在于通过时效的规定确认现有的社会关系,稳定现有经济秩序,维护经济利益。我国《民法总则》第188条规定"向人民法院请求保护民事权利的诉讼时效期间为三年。法律另有规定的,依照其规定。"根据这一条的规定,我国的诉讼

① 魏振瀛主编:《民法》,北京大学出版社2010年版,第190页。

时效期间是3年，张公平的债权在3年后，就不再受到法律的保护。

二、时效的特征

1. 时效是法律事实

时效是法律规定的一定事实状态。这种事实状态和当事人的意志无关，不管当事人是否愿意，只要符合法律的规定，就会产生相应的后果。例如诉讼时效中，如果债权人没有行使权利，这种不行使权利的事实状态不管是有意为之或者无心之失，一旦达到法律规定的3年时间，都会导致权利的丧失。所以时效是法律事实。

2. 时效必须持续一段法定时间

时效所要求的事实状态必须要持续一段法律规定的时间。事实状态和时间的经过是时效不可或缺的两个要素，这两者互相结合，才能产生相应的法律效果。诉讼时效中，法律规定债权人不行使权利的事实状态必须持续不间断地发生，达到3年之久，此时才发生权利丧失的后果。如果仅有不行使权利的事实，而这种状态并没有持续发生或者持续时间不够法律规定的长度，就不会产生权利丧失的后果了。

3. 强制性

时效具有强制性，法律对时效的规定属于强制性规范。时效制度依照法律适用，当事人没有选择的余地。当事人不能约定排除时效适用，不能约定变更时效期间，也不能约定抛弃时效利益。即使当事人作出这样的约定，也会因为违反了法律的强制性而无效。

三、时效制度的功能

1. 稳定社会秩序

没有规矩不成方圆，法律就是现代社会的规矩，社会关系经由法律调整形成稳定的法律关系，维持着社会的正常秩序，使社会和谐有效地运转。当一定的事实状态长时间的稳定存在，必然以此为基础在其上形成社会关系，并且随着时间的推进，这些社会关系还会不断地扩展，不断会有新主体加入，新关系形成。时间越久，牵连越广。此时，若因法律原先确认的法律关系与这一事实状态不符，而推翻这一长期存在的事实状态，必然会导致所有与之相关的社会关系全部受到影响，严重的甚至会造成社会秩序的混乱。这就与法律维护社会稳定秩序的初衷相背离了。通过时效制度的规定，认可长期存在的事实状态的法律效力，确认新的法律关系，使之合法化。这样就适应了社会现实的新情况，稳定了社会秩序。

2. 督促权利人行使权利，充分利用社会资源

西方有一句著名的法律谚语："法律帮助勤勉者，不帮助睡眠者。"时效制度就体现了这一原则。受到法律保护的权利，如果权利人不积极地去行使，赋予权利也就没有了意义，同时也造成了社会资源的浪费。时效制度使懒惰的权利人可能会丧失自己的权利，若想避免自己权益受损，权利人就不得不积极地去行使权利，这就督促了权利人行使自己的权利。若权利人不行使权利，时效制度就会确认新的权利人，新权利人积极地行使自己的权利，社会资源能够有效地得到利用，社会的经济流转才能正常进行，社会经济才能正常发展。

3. 避免证据灭失，提高司法效率

法庭上一切要依靠证据说话，这是司法审理案件的基础。但

证据会随着时间的流逝，不断地湮灭。当一个事实状态已经长期存在，要想证明其最初合法与否，调查取证就会变得困难，这个状态持续时间越久，就越困难，往往花费了大量的人力物力，也不见得能找到。时效制度规定时效期间届满，即可确认权利人丧失权利，避免了调查取证的困难，使司法诉讼能够迅速地进行，极大地提高了司法效率。

四、时效的立法模式

民法的时效制度分为两种，即取得时效和消灭时效。我国受到苏联的影响，在民事立法时舍弃了取得时效的概念，而只规定了消灭时效，即诉讼时效。《民法总则》在对之前立法和司法解释进行了系统的总结的基础上，对诉讼时效制度进行了全面的修订，完善了我国的诉讼时效制度。

第二节　权利人请求人民法院保护其民事权利的法定期限——诉讼时效

一、诉讼时效的概念和特征

【案例】　2015年8月2日，张公平的女儿突然生病，到该镇个体诊所医生董敏法处看病。董敏法诊断后，进行了静脉注射。张公平女儿的病情不但未见好转，反而更加恶化，8月3日凌晨，张公平女儿出现病危症状，虽转至县人民医院，仍抢救无效死亡。后该县医疗事故鉴定委员会作出了鉴定结论，认为此系一级医疗事故，性质是技术事故，董敏法应承担责任。

8月3日，张公平得知女儿死亡后，异常悲痛。他立即找到董敏法，表示要追究他的责任。其后，张公平先后到县公安局、检察院、县人大等多个机关反映情况，指责董敏法已构成犯罪，要求有关机关追究其刑事责任。但是，根据医疗事故鉴定委员会的结论，这仅仅是技术事故，即董敏法医疗水平有限，对病情认识不足，属于因过失而导致的事故，而不属责任事故，因此没有刑事责任因素。据此，有关机关拒绝了张公平追究董敏法刑事责任的请求。

2017年6月，在有关单位的主持下，董敏法试图与张公平经调解而达成和解。但双方在赔偿数额上相差甚远，2018年3月15日，调解以失败告终。2018年8月6日，张公平向法院提起民事诉讼，要求董敏法赔偿。董敏法提出：从张公平的女儿死亡到张公平起诉，已超过诉讼时效期间，因此张公平的权利不应受到法律保护。

【问题】 诉讼时效期间是否届满？张公平权利能否受到法律保护？

1. 概念

所谓诉讼时效，是指权利人在法定期间内不行使权利即导致义务人有权提出拒绝履行的抗辩权的法律制度。①这里的法定期间指的是诉讼时效期间。

《民法总则》第188条规定："向人民法院请求保护民事权利的诉讼时效期间为三年。法律另有规定的，依照其规定。"我国诉讼时效期间为3年，在此期间内，权利人向人民法院提起诉讼主张权利，会受到法院的支持保护。《民法总则》第192条规定："诉

① 王利明：《民法总则研究》，中国人民大学出版社2018年版，第789页。

讼时效期间届满的，义务人可以提出不履行义务的抗辩。”一旦过了这段期间，即使权利人向人民法院提起诉讼，诉请保护自己的权利，义务人亦可提出拒绝履行的抗辩，对抗权利人的请求。权利人的权利不再受到法律的保护。

诉讼时效制度关系着我们的权利能否得到实现，意义重大。现实生活中，当事人是否能及时行使自己的权利，及时地提起诉讼，保护自己的权利，往往受到很多主客观因素的影响。像案例中自女儿去世后，张公平一直在积极的主张自己的权利，从找相关部门追究董敏法刑事责任，到后来进行民事调解。显然，他并不是一位懒惰的权利人。如果法律不保护他的权利，对张公平来说是不公平的。

诉讼时效制度考虑到种种的情形，进行了全面的规定。案例中，张公平的权利到底受不受法律的保护，取决于诉讼时效是否过期。根据《民法总则》的规定，诉讼时效期间并不像董敏法认为的从张公平女儿死亡日开始计算，而应该从 2018 年 3 月 15 日调解失败开始计算。到 2018 年 8 月 6 日，诉讼时效期间并未届满。所以张公平的权利仍然受到法律的保护。

2. 特征

【案例】 2016 年 3 月 6 日，张公平购买了董敏法的 100 件纯羊绒大衣。双方约定：“张公平购买董敏法的纯羊绒大衣 100 件，共作价 40 000 元人民币。如果发生质量问题，张公平应当在半年内起诉，否则董敏法概不负责。”2016 年 10 月 9 日后，张公平发现这批大衣并非真正纯羊绒大衣。张公平找到董敏法，向其提出索赔，董敏法以合同约定张公平应在半年内起诉，否则董敏法概不负责为由拒绝。

【问题】 你认为董敏法的拒绝有道理吗？

诉讼时效具有以下特征：

(1) 诉讼时效具有法定性。诉讼时效是由法律明确规定，与当事人的意志无关。不管当事人知不知道，愿不愿意，一旦诉讼时效期间届满，就会发生法律规定的后果。

(2) 诉讼时效具有强制性。这里的强制性是指当事人无法通过约定去改变诉讼时效的法律规定。诉讼时效的各项具体内容均由法律规定，即使当时人事先进行了变更诉讼时效内容的约定，这种约定也是无效的。

案例中，董敏法拒绝承担合同责任是没道理的，诉讼时效具有法定性和强制性。《民法总则》第197条："诉讼时效的期间、计算方法以及中止、中断的事由由法律规定，当事人约定无效。当事人对诉讼时效利益的预先放弃无效。"张公平与董敏法的合同，缩短了法定的诉讼时效期间，是对诉讼时效利益的预先放弃，这样的协议内容，依法是无效的。因此，董敏法不能以此为由拒绝承担自己的民事责任。

二、诉讼时效的适用范围

【案例】 张公平父亲生前收藏着一幅古代中堂画，非常珍贵。老人生前非常珍视这幅中堂画，慎重保存，从不外借。董敏法爱好美术，知道张家有此画，曾多次向张公平的父亲表示想借画欣赏，都被拒绝。张公平父亲去世以后，董敏法以欣赏为名，从张公平手中借走此中堂画。此后张公平曾多次找董敏法追要此画，董敏法一直找各种理由搪塞，二十多年间一直不愿归还此画。张公平实在忍无可忍，向法院提起诉讼，请求法院判令董敏法返还这幅中堂画。他在诉状中陈述，此幅中堂画是父亲珍藏，不仅市场估价极高，更寄托着自己对父亲的怀念之情，意义重大。董敏法霸占此画不还，不仅损害了自己的经济利益，更重要的是对自己造成了极大精神损害。董敏法辩称，这幅画在张公平父亲去世后在自己手中保存到现在已经二十多年，早已经过了诉讼时效期间，自己不用返还这幅画了。

【问题】 董敏法的抗辩能否得到法庭的支持？

《民法总则》第188条规定："向人民法院请求保护民事权利的诉讼时效期间为三年。法律另有规定的，依照其规定。"这里所说的民事权利也就是诉讼时效的适用范围，即哪些权利向人民法院请求保护时要适用诉讼时效。当今世界各国民法通行规定，诉讼时效适用范围主要是债权请求权，包括了合同债权请求权、侵权债权请求权、不当得利债权请求权、无因管理债权请求权等。

我国民法总则虽没有从正面规定诉讼时效的适用范围是债权请求权，但却从反面将债权请求权以外的请求权排除在诉讼时效适用范围之外。《民法总则》第196条规定，规定下列请求权不适用诉讼时效的规定。

(1) 请求停止侵害、排除妨碍、消除危险。这些请求权属于物权请求权，主要目的是为了恢复物权人的支配性权利。基于物权的绝对性和永久性，这些物权请求权显然不应该受到诉讼时效的限制。

(2) 不动产物权和登记的动产物权的权利人请求返还财产。原物返还的请求权也属于物权请求权，也不应该适用诉讼请求权。但《民法总则》仅仅就不动产和登记的动产进行了规定，显然将不用登记的动产排除在外。不用登记的动产都是普通的动产，一般来说价值小且易损耗，若多年之后要求返还，产生诉争，难以举证，增加了司法的负担，实无必要。因此，一般来说未登记动产的权利人请求返还财产适用诉讼时效，而不动产物权和登记的动产物权的权利人请求返还财产不适用诉讼时效。

(3) 请求支付抚养费、赡养费或者扶养费。这些请求权是基于身份关系而产生的。一般来说权利人往往是生活上有困难的一方,若这些请求权受到诉讼时效的限制,可能会使他们失去生活的保障,因此不适用诉讼时效。

(4) 依法不适用诉讼时效的其他请求权。这一条是兜底的条款。

案例中,张公平诉请法院保护他的名人书画所有权,要求董敏法返还所借书画,这是典型的物权纠纷,即所有物的返还请求之诉。董敏法借走名画的事实清楚,名画所有权归属不存在争议,并且这幅画非常珍贵,不仅经济价值极高,更有重要的精神价值在其中。根据《民法总则》此幅名人书画的返还请求权不适用诉讼时效。董敏法以诉讼时效届满为由抗辩,不会得到法院的支持,张公平的返还原物请求权不受诉讼时效限制。

三、诉讼时效期间的分类、起算、中止、中断

1. 诉讼时效期间的分类

诉讼时效期间是指向人民法院请求保护民事权利的法定期间。诉讼时效期间分为普通诉讼时效期间和最长诉讼时效期间。普通诉讼时效期间长度的规定应该和社会经济生活的发展相一致,近年来,随着我国经济的发展,新的交易方式和类型不断出现,当事人之间的经济关系较之以往更加复杂,以前规定的普通诉讼时效期间显得过短了。《民法总则》适应了我国经济的发展变化,将普通诉讼时效期间由原先2年的改为3年,适应了我国经济社会发展的要求。

在普通诉讼时效期间之外，法律又规定了最长诉讼时效期间，《民法总则》第 188 条第 2 款规定“……自权利受到损害之日起超过二十年的，人民法院不予保护；有特殊情况的，人民法院可以根据权利人的申请决定延长。”这里二十年就是最长诉讼时效期间，是人民法院保护民事权利最长的法定期限。超过了二十年人民法院就不再给予保护。有特殊情况的，人民法院可以根据权利人的申请延长，但应从严掌握。

2. 诉讼时效期间的起算

【案例】 甲公司需要建厂房，2006 年 8 月甲公司与乙公司签订了建设施工合同，将整个工程发包给乙公司施工。在合同中双方约定厂房中所有的钢结构要使用宝钢生产的钢板。2007 年 6 月 1 日月工程完工并交付使用。2011 年 9 月，交付的厂房钢结构出现了锈蚀的现象，为此，乙公司于 2011 年 10 月进行了清理喷漆。2012 年，厂房钢机构出现了大面积的锈蚀现象，甲公司要求乙公司更换厂房使用的所有钢板。乙公司书面回复，只愿意承担保修责任，不同意全面更换。2013 年 3 月甲公司将钢板样品、乙公司提供的产品质量书送到上海宝山钢铁股份有限公司查询，2013 年 3 月 25 日上海宝钢公司回复样品不是宝钢产品。2013 年 5 月甲公司提起诉讼，要求乙公司赔偿。乙公司认为厂房于 2007 年 6 月 1 日完工交付使用，甲公司 2013 年 5 月才起诉已经超过诉讼时效期间。

【问题】 甲公司是否已过诉讼时效期间？

诉讼时效期间的起算，是指诉讼时效期间从何时开始计算。权利人只有知道了诉讼时效期从何时开始，才能知道诉讼时效期间到何时结束，这直接关系到权利人的民事权利是否能得到法律的保护。根据《民法总则》第 188 条第 2 款的规定，诉讼时效期间自权利人知道或者应当知道权利受到损害以及义务人之日起计算。权利人权利受损时,应当积极地行动去保护自己的权利,这是诉讼时效制度设计的初衷,督促权利人积极地行使自己的权利。但现实生活中,损失已经发生,却可能存在权利人不知道自己权利受损的情况,不知道当然不可能去采取行动,此时若诉讼时效期间开始计算,对权利人来说显然是不公平的。另一情形是权利人虽知道自己权利受损,却不知道该承担责任的义务人是谁,自然也无法主张自己的权利。所以,法律规定只有在权利人知道或应当知道权利受到损害,并且也知道应承担责任的具体义务人是谁的时候,诉讼时效期间才能开始计算。

案例中,乙公司使用非宝钢公司生产的钢板,违反了合同。但甲公司是否能得到赔偿,还要看甲公司的赔偿请求是否超过了诉讼时效期间。乙公司认为诉讼时效期间从2007年6月1日厂房交付使用开始计算,这是不正确的。根据《民法总则》规定,诉讼时效期间自权利人知道或者应当知道权利受到损害以及义务人之日起计算。厂房交付使用时,甲公司并不知道自己的权利被侵害,直到收到上海宝钢公司的回复,才确定知道乙公司未使用宝钢板,自己的权利被侵害。所以2013年3月25日甲公司收到上海宝钢公司回复之时,诉讼时效期间才应该开始起算。所以,诉讼时效期间并未届满。

3. 诉讼时效的中止

【案例】 张公平在2013年7月20日借给董敏法20万元,两人约定借期一年,按银行同期利率还款。董敏法按照约定的内容,给张公平写了借条。2014年8月1日,董敏法到外地去做生意,从此之后,就再也没了消息。直到2018年11月才返回。张公平找到董敏法要求还款,董敏法拒绝,并且告诉张公平,他们之间的借款已经过了诉讼时效,自己不用还了。

【问题】 张公平和董敏法之间借款的诉讼时效是否过期?

诉讼时效的中止是指在诉讼时效期间进行中，因发生一定的法定事由使权利人不能行使请求权，从而暂时停止计算诉讼时效期间。①在诉讼时效期间进行的过程中，本来能够实现的权利，由于权利人意志以外的特殊障碍出现，权利人无法行使，以致时效期间届满，权利不再受法律保护。针对这种情况，法律设计了诉讼时效中止制度，保证权利人有充足的时间去保护自己的权利。

根据《民法总则》第194条的规定，诉讼时效的中止必须符合两个条件：

(1) 时间条件。导致不能行使请求权的障碍必须发生在诉讼时效期间的最后六个月内，才能产生诉讼时效中止的效果。如果障碍发生在诉讼时效期间的其他时间段的，距诉讼时效期间届满仍有较长的时间，则不影响诉讼时效的进行。

(2) 原因条件。导致不能行使请求权的障碍是由法律明确规定的，具体包括：①不可抗力；②无民事行为能力人或者限制民事行为能力人没有法定代理人，或者法定代理人死亡、丧失民事行为能力、丧失代理权；③继承开始后未确定继承人或者遗产管理人；④权利人被义务人或者其他人控制；⑤其他导致权利人不能行使请求权的障碍。

案例中张公平和董敏法之间借款的诉讼时效并没有过期。张公平和董敏法之间的借款2014年7月20日到期，此时诉讼时效期间开始计算。但董敏法到外地做生意，杳无音信，使得张公平一直无法行使自己的请求权。根据《民法总则》的规定，在诉讼时效期间届满的最后6个月内发生无法行使请求权的障碍，诉讼时效中止，中止原因消除之日起满6个月诉讼时效届满。董敏法的杳无音信造成了诉讼时效中止。

---

① 参见王利明：《民法总则研究》，中国人民大学出版社2018年版，第794页。

诉讼时效中止的效力是使诉讼时效期间暂停计算。中止原因的存在使权利人无法行使请求权，待中止原因消除后，诉讼时效自然应该继续计算。如何计算剩下的诉讼时效期间，各国的规定不尽相同。我国《民法总则》简化了计算，根据其第194条规定："自中止时效的原因消除之日起满六个月，诉讼时效期间届满。"可见，不管中止原因在最后6个月的何时发生，待其消除后，权利人一律都还剩6个月的诉讼时效期间。案例中，到2018年11月，董敏法返回后，诉讼时效中止的原因消灭，此时诉讼时效期间继续计算6个月。也就是说张公平还有6个月的诉讼时效期间。

4. 诉讼时效的中断

【案例】 张公平在2013年7月20日借给董敏法20万元，两人约定借期一年，按银行同期利率还款。董敏法按照约定的内容，给张公平写了借条。2014年7月20日借款到期，张公平找到董敏法要求还款，董敏法说自己最近手头比较紧，实在没钱，请张公平宽限些日子。张公平就同意了。2016年1月20日，张公平又找到董敏法要求还款，董敏法还是没钱，后张公平就没有再找过董敏法。直到2017年12月，张公平急需用钱，想起了董敏法这笔欠款。2017年12月2日张公平找到董敏法要求还款，董敏法拒绝，并且告诉张公平，他们之间的借款已经过了诉讼时效，自己不用还了。

【问题】 张公平和董敏法之间的借款的诉讼时效是否过期？

诉讼时效的中断，指在诉讼时效进行中，因法定事由的发生致使已经进行的诉讼时效期间全部归于无效，诉讼时效期间重新计算。①诉讼时效制度在于督促权利人行使自己的权利，若有事实

① 参见魏振瀛主编：《民法》，北京大学出版社2010年版，第200页。

表明权利人积极地行使权利，而不是躺在权利上睡觉，此目的已经达到，自然应该重新开始计算诉讼时效期间。

根据《民法总则》第 195 条的规定，导致诉讼时效中断的法定情形包括：(1)权利人向义务人提出履行请求。权利人向义务人提出明确的履行请求，表明其在积极地行使自己的权利，使诉讼时效中断。(2)义务人同意履行义务。义务人同意履行义务，往往是基于权利人的履行请求，同时也表明义务人承认权利人的权利真实存在，双方当事人的权利义务清晰、明确，无争议。因而诉讼时效期间重新开始计算。(3)权利人提起诉讼或者申请仲裁。向人民法院提起诉讼或向仲裁委员会提起仲裁都是权利人行使自己权利，保护自己权利的终极有效方式，表明权利人积极地行使自己的权利，当然应当引起诉讼时效的中断。(4)与提起诉讼或者申请仲裁具有同等效力的其他情形。这是一条兜底条款，将法律没有规定，而能表明权利人在积极行使权利的其他情况都包括在内。

案例中张公平和董敏法之间借款的诉讼时效并没有过期。张公平和董敏法之间的借款 2014 年 7 月 20 日到期，诉讼时效期间应该从此时开始计算。但根据《民法总则》的规定，权利人向义务人提出履行请求，诉讼时效中断。诉讼时效中断的，诉讼时效重新开始计算。每一次张公平积极地行使自己的权利，找到董敏法要求还款时，诉讼时效就发生了中断。

诉讼时效中断的效力是诉讼时效重新开始计算。根据《民法总则》第 195 条规定："诉讼时效中断，从中断、有关程序终结时起，诉讼时效期间重新计算。"如果权利人向义务人提出履行请求或义务人同意履行义务，是诉讼时效中断的原因，从中断事由发生时重新计算。如果诉讼时效中断的原因是权利人提起诉讼或申请仲裁，诉讼程序和仲裁程序等会持续一定时间，应该从其程序终结时重新计算。案例中当 2016 年 1 月 20 日张公平找到董敏法要求还款时，诉讼时效发生了中断，要重新开始计算。这样诉讼时效开始计算的时间就不再是2014年7月20日，而是张公平要求董敏法还款的2016年1月20日，到2017年12月2日诉讼时效期间显然并没有届满。

四、诉讼时效的届满

【案例】 张公平在2013年7月20日借给董敏法20万元，两人约定借期一年，按银行同期利率还款。董敏法按照约定的内容，给张公平写了借条。2014年7月20日借款到期，张公平找到董敏法要求还款，董敏法说自己最近手头比较紧，实在没钱，请张公平宽限些日子。张公平同意了。后张公平就没有再找过董敏法。直到2017年12月，张公平急需用钱，想起了董敏法这笔欠款。2017年12月2日张公平找到董敏法要求还款，董敏法表示：本月底之前还清，并且还主动就此事再出具一份字据，载明：董敏法欠张公平的20万元欠款，本月底之前还给张公平。但是当月底张公平再次找到董敏法，董敏法拒绝还款，并且告诉张公平，他现在知道了原来他们之间的借款已经过了诉讼时效，自己不用还了。后张公平起诉到法院，诉请董敏法清偿欠款。

【问题】 张公平的诉讼请求能否得到法庭的支持？

诉讼时效届满的效果，各个国家的法律规定不同。《民法总则》第192条规定："诉讼时效期间届满的，义务人可以提出不履行义务的抗辩。"我国诉讼时效期间届满的效果是产生了义务人的抗辩权，而权利人的实体权利本身和诉权都不消灭。案例中张公平和董敏法之间的借款2014年7月20日到期，诉讼时效期间应该从此时开始计算。到2017年12月2日，张公平要求董敏法还款时，诉讼时效期间的确已经届满。所以董敏法认为自己不用还钱了。但董敏法只知其一，不知其二。

诉讼时效期间届满，抗辩权产生，义务人可以行使抗辩权，拒绝权利人的履行请求。义务人也可以放弃抗辩权，主动履行义务。因为诉讼时效期间届满并不消灭实体权利，权利人自然可以接受义务人的履行，实现自己的权利。但要注意的是抗辩权一旦放弃就消灭了，义务人不能后悔，否则违背了诚信原则，破坏正常的经济秩序。《民法总则》第 192 条第 2 款规定："诉讼时效期间届满后，义务人同意履行的，不得以诉讼时效期间届满为由抗辩；义务人已自愿履行的，不得请求返还。"案例中虽然张公平起诉时，诉讼时效已经届满，但是 2017 年 12 月 2 日董敏法曾经同意清偿，并主动立下字据，明确表示愿意清偿欠款，意味着董敏法已经放弃了自己的抗辩权。在这种情况下，董敏法已经不能再以诉讼时效期间届满为由，拒绝清偿自己的债务了。所以张公平的诉讼请求会得到法庭的支持。

权利人的诉权并不因为诉讼时效期间届满而消灭，是否行使抗辩权对抗权利人的请求也是义务人的自由选择。为了尊重当事人的意愿，根据《民法总则》第 193 条的规定，诉讼过程中，人民法院不得主动适用诉讼时效的规定。

第三节　撤销权、解除权等权利的存续期间——除斥期间

一、除斥期间的概念

【案例】 张公平有一幅祖传的名画，非常珍贵。书画爱好者董敏法得知后，数次前来欣赏，极其喜欢，决心将画买下来。后张

公平和董敏法订立买卖合同，双方约定：张公平将其祖传名画以800万元卖给董敏法，合同签订之日董敏法先支付100万元，剩下的买画款将在合同签订后的3个月内付清，若董敏法不能付清剩下的700万买画款，张公平有权在付款期间届满后的7天内通知董敏法解除双方之间购画合同。

不料，付款期间届满前2日当地预告将发生近十年最大风灾，可能引发洪水泥石流，出于防险安排，当地各家银行关门3天，董敏法因此无法从银行取款来支付张公平画款。而张公平也因预防风灾的工作需要，日夜待命于单位，无暇分身，他既没有催促董敏法支付剩余画款，也没有在约定的合同解除期间内通知董敏法解除买卖合同。风灾过后，董敏法提出支付剩余画款，完成买卖合同，被张公平拒绝。张公平认为，由于董敏法未按约定期限支付剩余画款，双方之间的买卖合同已经解除。董敏法认为张公平未在约定的期间通知解除合同，故其丧失了合同的解除权，双方之间的购画合同仍然有效。而张公平认为，之所以未能在约定的合同解除期内行使解除权，并不是他不愿意行使解除权，而是因为发生了风灾，使他无法行使解除权。这属于不可抗力，其解除权并未消灭。

【问题】 张公平是否有权解除这份买卖合同？

时间的经过，影响权利的存续，引起法律上的后果，时效制度除了诉讼时效期间之外，还有除斥期间。除斥期间是指法律规定或当事人约定的形成权等权利的存续期间。①不行使权利，一旦期限届满，就发生权利消灭的后果。这样就能督促当事人尽快使用撤销权、解除权等形成权，以促进当事人尽快确定彼此的权利义务，及时纠正意思表示的瑕疵，防止相对人因为消极等待而蒙受

① 参见王利明：《民法总则研究》，中国人民大学出版社2018年，第814页。

损失。因此除斥期间通常比诉讼时效期间要短。

《民法总则》第199条规定:“法律规定或者当事人约定的撤销权、解除权等权利的存续期间,除法律另有规定外,自权利人知道或者应当知道权利产生之日起计算,不适用有关诉讼时效中止、中断和延长的规定。存续期间届满,撤销权、解除权等权利消灭。”本条规定的就是除斥期间制度。上面案例的关键就在于合同规定解除权的7天存续期间的性质是什么。张公平认为遇到风灾,自己遭遇了不可抗力,才无法行使解除权。如果这7天是诉讼时效,不可抗力的确会导致诉讼时效中止的后果。如果是除斥期间,不可抗力则不影响期间的计算。

二、除斥期间的适用范围

《民法总则》第199条明确规定了除斥期间的适用范围是撤销权和解除权等权利。撤销权和解除权是典型的形成权。形成权的权利人仅依自己意思就可使自己和他人之间的民事权利义务发生变动,如果他长时间不行使权利,义务人就会一直在悬而未决的状态中消极地等待,直至因此受损。因此法律用除斥期间制度对其进行限制。通常认为,除斥期间的适用范围就是形成权。上面案例中的张公平合同解除权的存续期间,不是诉讼时效期间,而是除斥期间。

三、除斥期间届满的法律效果

除斥期间届满,形成权消灭。除斥期间是由法律或当事人预设的权利存续的期间，当除斥期间届满，权利人的权利当然归于消灭。这里消灭的是实体权利本身。权利人丧失了撤销权、解除权等权利，此时即使其作出撤销行为、解除等行为亦不能产生相应的效果，民事法律关系就此确定下来。

作为除斥期间，解除权存续期间为不变期间，不会像诉讼时效那样发生因不可抗力而中止的情形。案例中张公平与董敏法约定，合同付款期间届满后7天内可解除合同，这7日内就是合同解除权存续的期间，是除斥期间。一旦7日内没有行使解除权，张公平的解除权就消灭了。他认为的因为风灾是不可抗力，解除权仍然存在是不正确的。所以双方之间的买卖合同仍然有效，张公平无权解除合同。

四、除斥期间与诉讼时效

【案例】 书画爱好者董敏法听说张公平家里有一幅某绘画大师的名作，数次前去欣赏，极其喜欢，决心将画买下来。后张公平和董敏法订立买卖合同，双方约定：张公平将这幅某绘画大师的名画以300万元卖给董敏法。合同签订后，董敏法付款，张公平将画交付给董敏法，董敏法非常高兴。后经朋友提醒，董敏法发现画有可疑之处，遂将画送去鉴定，结果发现该画并非某绘画大师真迹，而是他人的仿作。董敏法立刻找到张公平交涉，表示张公平欺骗他，画不是真迹，要退款还画，解除合同。但张公平一直找各种理由搪塞董敏法。和张公平交涉了一年多时间，问题还是没有解决，董敏法失去耐心，一纸诉状向法庭起诉，要求撤销这份买卖合同。

【问题】 法院能否支持董敏法的诉讼请求？

除斥期间和诉讼时效都是时效制度的一种，因时间的经过而影响权利的存续，产生相应的法律效果。但两者也有不同，主要区别在于：

（1）适用对象不同。除斥期间适用于形成权；诉讼时效适用于请求权。

（2）起算方法不同。除斥期间从权利人知道或应当知道权利成立之时起算；诉讼时效从权利人知道或应当知道权利受损以及义务人之日起算。

（3）产生原因不同。除斥期间既可由法律规定产生，也可由当事人约定产生；诉讼时效期间由法律规定产生，当事人不得约定。

（4）法律效力不同。除斥期间届满消灭了权利本身；诉讼时效期间届满权利并不消灭，而是产生了义务人的抗辩权。

（5）期间性质不同。除斥期间是不变期间，没有中止、中断、延长的规定；诉讼时效期间是可变期间，可因法定事由中止、中断，特殊情况下法院可以延长。

案例中，张公平作为画的拥有者，知道画为仿作，其行为可认定欺诈。因欺诈而订立的合同，受损害方享有撤销权，有权在知道撤销事由之日起一年内请求人民法院撤销合同。所以董敏法拥有合同的撤销权。但是撤销权的除斥期间是一年，董敏法因为和张公平交涉，错过了这个时间，其撤销权因除斥期间届满而消灭了，法院不会支持他撤销合同的诉讼请求。

虽然合同不能撤销，但张公平的违约行为给董敏法带来了损失，董敏法可以向人民法院请求张公平赔偿损失，此时适用诉讼时效。诉讼时效期间为 3 年，董敏法与张公平交涉一年多时间，显然诉讼时效期间并未届满，仍然可以请求人民法院保护。所以在法庭上，董敏法撤销合同的诉讼请求虽不能得到法庭支持，但请求张公平赔偿损失的诉讼请求会得到法庭的支持。

第四节　期间的计算方法具有法定性——期间的计算

一、期间的概念和意义

期间，是指民事法律关系发生、变更和终止的时间。民事法律关系的产生、变化必然伴随着时间的经过，也就是在一定的期间进行的。期间的开始、经过和届满都会产生一定的法律后果。例如自然人的出生之日，就是其享有民事权利能力之时。除斥期间届满之时就是撤销权、解除权等权利的丧失之时。诉讼时效期间届满就会产生义务人的抗辩权。当事人也可以通过约定期间，灵活的调整彼此间的权利义务。因此确定期间开始、结束的具体时间对于当事人非常重要。

二、期间的具体计算方法

期间的计算方法主要有两种：一种是历法计算法，也就是根据公历的年月日来计算。另一种是自然时间计算法，也就是根据实际的时分秒来计算。前者比较方便，后者比较精确。《民法总则》第 200 条规定："民法所称的期间按照公历年、月、日、小时计算。"兼采了两种方法，可根据需要具体规定。

三、期间的开始和结束

《民法总则》第 201 条规定："按照年、月、日计算期间的，开始的当日不计入，自下一日开始计算。”也就是按照历法计算法，期间开始的当日不计入期间，从下一日开始计算。例如 2019 年 1 月 1 日订立合同，约定 7 天内可解除合同，则解除权的期间从 2019 年 1 月 2 日开始计算 7 天，直到 1 月 8 日解除权都可行使。从 1 月 9 日起，解除权消灭。

《民法总则》第 201 条第 2 款规定：“按照小时计算期间的，自法律规定或者当事人约定的时间开始计算。”也就是按照自然时间计算法，期间直接从确定的具体时间开始计算。例如合同签订时间为 2019 年 1 月 1 日早上 9 点整，约定合同签订的 8 小时内任何一方可解除合同，则从 2019 年 1 月日早上 9 点开始计算 8 个小时，也就是到下午 5 点之前都可行使解除权，下午 5 点之后，解除权消灭。

《民法总则》第 202 条规定：“按照年、月计算期间的，到期月的对应日为期间的最后一日；没有对应日的，月末日为期间的最后一日。”也就按照历法计算法，以年、月来计算期间的，到期月的对应日为期间的最后一天，例如 1 月 1 日约定 1 个月的期间，则到期日为 2 月 1 日。没有对应日的，月末日为期间的最后一天。例如，1 月 31 日约定 3 个月的期间，则到期日为 4 月 30 日。以日来计算期间的，则算满该期间的日期就是期间的最后一天。

四、期间结束的特别规定

【案例】 2016 年 10 月 1 日，张公平告诉董敏法因急需用钱，想转让自己的苹果手机。他告诉董敏法是自己从正规途径购买的手机，刚使用了半年。董敏法表示愿意购买。两人当天就完成了手机的购买转让。第二天董敏法发现这部苹果手机是水货，立刻去找张公平，要求撤销两人之间的手机买卖合同，但张公平拒绝。之后一年的时间，董敏法一直与张公平有交涉，但一直没有结果。2017年国庆节期间，董敏法告诉张公平若再不同意撤销合同，自己就去法院起诉撤销合同。张公平表示不同意董敏法的要求，也不怕他去法院起诉，因为已经过了时效期间，法院不会撤销合同的。

【问题】 若董敏法起诉，法院能否支持他的撤销合同请求？

在实践中，期间的结束日期可能会碰上法定休假日，当事人无法实际行使权利。法定休假日结束，期间已经届满，权利人的利益受到损害。因此民法特别对期间的结束做了特别规定。《民法总则》第203条规定："期间的最后一日是法定休假日的，以法定休假日结束的次日为期间的最后一日。"将期间顺延到法定休假日结束的后一天。案例中，张公平用欺诈的手段将手机卖给董敏法，董敏法享有撤销权，该撤销权有1年的除斥期间。法院能否支持他的请求，关键就在于除斥期间是否届满。本案中的期间如何计算呢？2016年10月2日董敏法发现被欺诈，撤销权产生，除斥期间1年于2017年的10月2日届满。但该日为法定休假日，且因调休国庆节假日于2017年10月8日结束，因此，董敏法行使撤销权的期间于该节假日结束的次日即2017年10月9日届满，即该日为1年撤销权期间的最后一日。

《民法总则》第203条第2款规定："期间的最后一日的截止时间为二十四时；有业务时间的，停止业务活动的时间为截止时间。"一天有二十四个小时，期间的最后一日，应以24点为一日的结束之时。但很多经营场所，有业务时间，当相对方停止了业务活动后，权利人实际也无法行使权利。所以停止业务时间作为期间的截止时间，更符合实际，也对权利人更有意义。案例中，人民法院一般是按照上午9点到下午5点的上班时间，因此，董敏法向人民法院请求撤销其与张公平之间的手机买卖合同，最迟应当在2017年10月9日法院下班之前递交申请书。该日人民法院下班之后，董敏法的撤销权消灭，法院无法支持他撤销合同请求。

第七章　权利的保护——民事责任制度

第一节　不履行民事义务所应承担的民法后果——民事责任的概念和特征

一、民事责任的概念和特征

【案例】 珠海市“3·29”特大交通事故曾经轰动一时。1999年3月29日，梁某全家共4人到达珠海市香洲车站后，乘坐车牌为粤C27158的出租车赶往珠海小林镇。凌晨3时许，出租车开到南屏东桥路口时与一辆横穿马路的渣土车发生碰撞。出租车油箱被撞，当即燃烧，车内4名乘客及司机当场丧生。案发后渣土车司机被拘留。受害者家属得知消息后从家乡赶到珠海处理后事。

1999年4月下旬，交警部门向4名受害者亲属发出“道路交通事故处理通知书”，并告诉他们“自行起草一份申诉书，送到公安分局预审科，向法院提起刑事附带民事诉讼”。但是，受害人亲属担心按照交警队的惯例处理，得到的经济赔偿可能与其要求相差甚远，于是，他们拒绝签字领取通知书。

此后，受害人亲属找到律师，就有关问题进行了咨询。律师分析说，刑事附带民事诉讼，是在追究渣土车司机的交通肇事罪的基础上，追究渣土车司机及其车主的民事侵权责任。渣土车属于一个小单位，没有充足的经济赔偿能力，很有可能得不到赔偿。受害人亲属追究的对象，应该是为死者提供客运服务的出租车所属单位。出租车公司经济实力雄厚，只有根据《消费者权益保护法》中关于经营者负有保障消费者人身财产安全的义务和责任的规定，单独针对出租车公司提起民事诉讼，要求其独立承担全部民事责任，才是合法又可靠的索赔途径。5 月下旬，受害者亲属委托律师提起民事诉讼，向出租车公司索赔金额 270 万元。

这一索赔途径与传统的交通事故索赔方式大相径庭。当时，法院立案室曾向律师提出两个问题：一是为何不按交警部门下发的通知提起刑事附带民事诉讼？二是为何只告出租车公司，不告渣土车单位？律师说，根据民事法律规定，在民事诉讼中告谁不告谁，受害人亲属有选择的权利。依据《消费者权益保护法》，本案中与受害人亲属构成法律关系的只有客运服务的提供方出租车公司，与渣土车公司无关，因此单独对出租车公司提起诉讼，要求其单独承担民事责任，这样也能最大程度保护受害人的民事权益。法院采纳了律师的意见，准许立案。

经过一审、二审两次交锋，二审法院最终旗帜鲜明的支持受害人家属一方，认定受害人家属有权选择有利于自己的诉因来起诉，既然受害人家属选择了按《消费者权益保护法》要求对方承担民事责任，法院予以采纳。最终判决出租车公司赔偿 568 024.4 元。

【问题】　从受害人家属的选择你看出民事责任对当事人有何不同的意义吗？

民事责任是指当事人不履行民事义务所应承担的民法上的后果①。民事责任保障着民事主体的合法民事权益最终得到实现。《民法总则》第176条规定："民事主体依照法律规定和当事人约定，履行民事义务，承担民事责任。"该规定强调了权利、义务和责任的统一。当义务被违反，权利被侵犯，没有民事责任的保驾护航，法律赋予的权利也就成了空谈。随着市场经济的发展，民事责任制度在民事法律中的重要性日益显现。

民事责任具有以下特征：

1. 民事责任主要是财产责任

现代民法普遍承认民事责任主要是财产责任。民事义务大多数都具有直接的财产内容，违反了这样的民事义务，造成权利人财产上的损失，责任人应该用自己的财产对后果负责。即使是不具有直接财产内容的人身权利，在受到侵犯时，也会带来潜在的经济上的损失，除了承担恢复名誉、赔礼道歉、消除影响等非财产的民事责任外，责任人往往也要承担赔偿损失的财产责任。因此，民事责任主要是财产责任。

2. 民事责任主要具有补偿性

民事责任的大小应与违反义务所造成的对方损失范围大体相一致。民法调整的是平等主体间的关系，民事责任的目的，主要是为了恢复平等主体间的关系，尽量回到没有损失发生的原本状态。民事责任的承担，不是为了惩罚违反义务者，也不是为了让受损者从中获得额外的利益。因此民事责任通常以补偿性为主要目的。

3. 民事责任具有一定的任意性

法律责任由国家保证其实现，具有强制性，不承担责任者，国

① 参见王利明：《民法总则研究》，中国人民大学出版社2018年版，第703页。

家司法机关会通过法定程序强制其承担责任。民事责任作为一种法律责任当然具有强制性，但民事责任的强制性不同于其他法律责任，同时具有任意性特点，民法调整平等主体之间关系，特别重视当事人的自主意愿，只要不违反法律的强制性规定，都予以尊重。民事责任有法律直接规定的内容，也有允许当事人通过协商来约定的内容。如合同当事人就可以在合同中预先对可能发生的违约责任进行安排，违约金的数额或计算方法，承担责任的方式，甚至免责的条件等内容，只要不违反法律的强制性规定，就会得到法律的支持。

与行政责任、刑事责任重在对加害人进行惩罚不一样，民事责任重在对民事权利人受到的损害进行补偿，以求将其受到的损失尽量填平，恢复其未受损的状态。现代经济社会中，民事责任直接关系到当事人的财产损失能否得到赔偿，因此受到人们的重视。上面的案例中，珠海市“3·29”这起特大交通事故曾被称为“刁案”，轰动一时。受害人家属不走寻常路，将一个传统的交通肇事刑事附带民事的案件，合理合法的转化为一个独立的民事诉讼案件。单独起诉赔偿能力充足的出租车公司，要求其承担全部民事责任，使受害人家属的民事权益得到最大的保障。本案首开适用《消费者权益保护法》处理运输服务业交通事故索赔的先例，老百姓行使法律赋予的权利去更好地维护自己民事合法权益，是我国普法活动取得的可喜进步。

二、民事责任和刑事责任、行政责任的区别

法律责任一般分为民事责任、刑事责任和行政责任。民事责任与刑事责任、行政责任的区别主要表现在以下几个方面：

(1) 责任产生的根据不同。民事责任可以因违反民法直接规定的民事义务而产生,也可以因违反当事人约定的民事义务而产生。刑事责任和行政责任只能是违反了刑法和行政法的强制性规定而产生,而不能由当事人约定产生。

(2) 责任适用的目的不同。民事责任的主要目的是为了填补违反民事义务所造成的损害,使权利人得以恢复未受损的状态。当然一定程度上民事责任也能对不法行为进行预防,对违法者给予惩罚教育,但民事责任主要还是以补偿损失作为目的。刑事责任和行政责任的目的主要是对严重危害社会安全的违反刑法的罪犯和破坏国家行政管理秩序违反了行政法的行政违法人进行惩戒,进而达到预防的目的。刑事责任和行政责任主要体现的是惩罚性。

(3) 责任的强制程度不同。民事责任的强制程度较弱,民事主体可以在法律允许的范围内对具体的民事责任内容进行自由的协商,权利人甚至可以减免对方的责任。民事责任的最终实现,往往取决于权利人是否向对方主张权利,以及对方是否主动承担了民事责任,国家并不会主动干预。刑事责任和行政责任的强制程度较强,一旦违反了刑法或行政法的强制规定,国家会直接对违法者予以追究,当事人不能和解,体现了国家直接的强制力。

三、民事责任的优先适用

【案例】 2012 年 1 月,张公平开办了“张公平卫生室”,非法开展诊疗活动。非法行医期间,多次为就诊者实施一些常见病的诊治。2012 年 9 月,董敏法因肚子不舒服,在其母魏荃泽的陪同下，到张公平卫生室看病。张公平诊断后，认定董敏法是急性肠胃炎，进行了输液治疗。没想到输液过程中董敏法突然昏迷，张公平和魏荃泽赶紧将董敏法送至医院，但抢救无效死亡。经法医鉴定董敏法为过敏性休克死亡。5 天后，张公平到公安局自首。后人民检察院以非法行医罪对张公平提起刑事公诉，董敏法母亲魏荃泽作为刑事附带民事诉讼原告，向法庭请求判令张公平承担民事赔偿责任。

【问题】 张公平应怎样承担责任？

一般情况下，民事责任主要是财产责任，刑事责任、行政责任不以财产责任为主，三者不会起冲突。但行政责任和刑事责任虽不是以财产责任为主，也有罚款、罚金、没收财产等财产型的责任方式。所以当主体的行为同时违反了民法，行政法和刑法，产生了民事上的赔偿责任，罚款、罚金、没收财产的行政责任和刑事责任，就有可能出现主体因财产不足，无法同时承担三个责任的情况。上面的案例中就同时产生了刑事责任和民事责任。张公平未取得医生执业资格而非法行医，造成就诊人员董敏法死亡的严重后果，行为已构成非法行医罪。公诉机关指控的罪名成立，张公平应该承担非法行医罪的刑事责任。同时，张公平非法行医的行为给刑事附带民事诉讼的原告魏荃泽造成经济损失，应当承担损害赔偿的民事责任。张公平既应该承担刑事责任，也应当承担民事责任，并不因为其承担了刑事责任，就免除或减轻其民事责任。本案中，法庭判决张公平非法行医罪，判处有期徒刑 10 年，并处罚金 1 万元。刑事附带民事诉讼判张公平向原告人魏荃泽赔偿丧葬费等损失，共 8 万元。

《民法总则》第 187 条规定："民事主体因同一行为应当承担民事责任、行政责任和刑事责任的，承担行政责任或者刑事责任不影响承担民事责任；民事主体的财产不足以支付的，优先用于承担民事责任。”本条确立了财产优先适用民事责任的规则。据此，案例中如果张公平的所有财产不足以赔偿全部1万元的刑事罚金和8万元的民事赔偿，那就应当首先对8万元民事赔偿进行清偿。如果承担完民事责任后，张公平还有剩余的财产，再对1万元刑事罚金承担责任。

民事责任主要是对权利人所受损失的补偿，重在对普通个人经济利益的救济保护。行政责任、刑事责任的罚款、罚金和没收财产等主要是对国家承担责任，是国家对行为人在财产上的惩罚，这两者的目的不同。若行政责任或刑事责任优先，处于弱势的受损民事主体就无法得到补偿，甚至陷入生活的困境。另一方面，民事主体若无法保护自己正当的民事权益，担心自己受损却无法得到补偿，就会丧失对市场交易安全的信心，进而不敢进行市场交易，市场的正常交易安全、交易秩序将会受到严重的影响。民事责任优先的规则体现了法律对弱势个人利益的关怀，也保护了我国市场经济交易秩序的安全，是法律正义性的体现。

四、民事责任的承担方式

【案例】 2012年5月1日，原告孙某某在被告南京欧尚超市有限公司江宁店（简称欧尚超市江宁店）购买“玉兔牌”香肠15包，其中价值558.6元的14包香肠已过保质期。孙某某到收银台结账后，即径直到服务台索赔，后因协商未果诉至法院，要求欧尚超市江宁店支付14包香肠售价十倍的赔偿金5 586元。

【问题】 欧尚超市江宁店是否应该承担十倍的赔偿责任？

民事责任的承担方式指的是承担民事责任的具体形式。《民法总则》第 179 条规定:“承担民事责任的方式主要有:(一)停止侵害。(二)排除妨碍;(三)消除危险;(四)返还财产;(五)恢复原状;(六)修理、重作、更换;(七)继续履行;(八)赔偿损失;(九)支付违约金;(十)消除影响、恢复名誉;(十一)赔礼道歉。”这其中停止侵害、排除妨碍、消除危险、恢复原状是物权请求权适用的民事责任承担方式。消除影响、恢复名誉、赔礼道歉是侵害人身权适用的民事责任承担方式;修理、重做、更换、继续履行、支付违约金是承担违约责任的主要方式。赔偿损失是所有民事责任承担方式中适用最广的一种。只要违反民事义务,损害民事权利,有损失的产生,就可以适用赔偿损失来承担责任。承担民事责任的十一种方式,既可以单独适用,也可以合并适用。

民事责任主要是为了补偿当事人的损失,具有补偿性,一般不具有惩罚性。但对于那些恶意损害他人权利的行为,例如恶意欺诈经营、销售缺陷产品或提供缺陷服务,生产或销售不符合食品安全标准的食品等,单纯补偿性的民事责任,只能补偿损失,却不能遏制这些行为。因此作为补偿性赔偿的例外与补充,法律规定了惩罚性赔偿。《民法总则》第 179 条第 2 款规定:“法律规定惩罚性赔偿的,依照其规定。”惩罚性的赔偿责任仅仅适用在法律有明确规定的情况下。例如:《食品安全法》第 3 条规定:“食品生产经营者应当依照法律、法规和食品安全标准从事生产经营活动,对社会和公众负责,保证食品安全,接受社会监督,承担社会责任。”《食品安全法》第 96 条第 1 款规定:“违反本法规定,造成人身、财产或者其他损害的,依法承担赔偿责任。”第 2 款规定:“生产不符合食品安全标准的食品或者销售明知是不符合食品安全标准的食品,消费者除要求赔偿损失外,还可以向生产者或者销售者要求支付价款十倍的赔偿金。”

案例中欧尚超市江宁店作为食品销售者，应当按照保障食品安全的要求储存食品，及时检查待售食品，清理超过保质期的食品。销售超过保质期的“玉兔牌”香肠，说明怠于履行审查义务，致使其应知道销售食品已超过保质期而不知道，应当依照法律规定承担赔偿责任。原告孙某某要求欧尚超市江宁店支付售价十倍的赔偿金，法庭予以支持。法院于2012年9月10日作出判决：被告欧尚超市江宁店于判决发生法律效力之日起10日内赔偿原告孙某某5 586元。宣判后，双方当事人均未上诉，判决已发生法律效力。

第二节　民事责任体系——民事责任的类型

一、违约责任和侵权责任

【案例】　为赶圣诞节销售旺季，节前3个月，张公平就与董敏法签订了买卖合同，约定由董敏法出售给张公平儿童圣诞礼物5 000件，董敏法负责运输，12月15日送到张公平指定地点。12月1日董敏法和司机魏荃泽订立了运输合同，约定由魏荃泽运送这批货物，在12月15日送到指定地点。12月10日，董敏法打电话通知张公平货物已经准备好，由魏荃泽负责运输货物给他，让他做好收货准备。12月15日，魏荃泽开车送货，因疏忽发生了严重交通事故，被交警部门把车扣留进行处理，导致12月15日张公平没有收到货物。直到一周后，魏荃泽才将货物才送到张公平处，给张公平造成了很大的损失。张公平找到董敏法要求承担赔偿责任，董敏法说是魏荃泽的过错导致货物没送到，让张公平去找魏荃泽承担责任。

【问题】 张公平该向董敏法主张权利还是向魏荃泽主张权利?

根据民事责任发生根据的不同,民事责任划分为违约责任和侵权责任,这是民事责任最重要的分类。

1. 违约责任

违约责任是指合同当事人违反合同义务依法应当承担的责任。合同是当事人之间达成的协议,合同中确定的权利义务受到法律的保护,违反了合同约定的义务,当然要承担起法律后果。《合同法》的规定,依法成立的合同,对当事人具有法律约束力。当事人不履行合同义务或者履行合同义务不符合约定的,应当承担违约责任。案例中,张公平应当向董敏法主张权利。张公平和董敏法订立了买卖合同,虽然货物运输交给了魏荃泽负责,但是张公平和魏荃泽之间并没有合同。因此向张公平承担违约责任的只能是董敏法。至于董敏法,他和魏荃泽之间订立了运输合同,魏荃泽没有将货物按时送到,也是违约行为,应向董敏法承担违约责任。所以董敏法在向张公平赔偿后,可以再向魏荃泽追偿。

根据我国《合同法》的规定,违约责任具有以下特点:

(1) 违约责任由违反合同的行为引起。违反合同的行为包括了实际违约行为和预期违约行为。实际违约是指实际发生的违约行为,包括了当事人不履行合同义务、迟延履行合同义务、不适当履行合同义务。预期违约行为是指在合同履行期届满前,当事人一方明确表示或者以自己的行为表明不履行合同义务的行为。

(2) 违约责任是无过错责任。根据《合同法》的规定,只要当事人有违反合同的行为,即构成违约。显然承担违约责任并不要求当事人的主观过错要件,违约责任是一种无过错责任。

(3) 违约责任仅限财产损失的赔偿。违约责任是对合同履行后可能获得的经济利益进行赔偿,不包括对受害人的精神损害的赔偿。

2. 侵权责任

侵权责任是指行为人侵犯他人民事权益,依法应当承担的责任。和违约责任不同,侵权责任违反的义务来源是法律的直接规定。民法赋予民事主体权利与义务,以保障主体的民事权益得以实现,违反了法定义务,侵犯他人民事权利造成损害,应承担法律后果。根据我国《侵权责任法》的规定,侵权责任具有以下特征:

(1) 侵权责任由违反了法定义务的行为引起。我国《侵权责任法》第2条第2款详细列举了保护的民事权利,包括了生命权、健康权、姓名权、名誉权、荣誉权、肖像权、隐私权、婚姻自主权、监护权、所有权、用益物权、担保物权、著作权、专利权、商标专用权、发现权、股权、继承权等人身、财产权益,涵盖了除合同债权以外,所有应受民事法律保护的权利。所有侵犯这些权利的行为,引起侵权责任。

(2) 侵权责任主要是财产责任,但不限于财产责任。侵权行为损害民事权益主要造成的是财产损失,因此侵权责任主要是财产责任。但是,当人身权利受侵害,权利人不仅是财产受损,更有精神方面的损害。为了更好地保护人身权利,侵权责任不仅有财产责任,也有非财产责任,如赔礼道歉、消除影响、恢复名誉等,能更好地对精神损害给予救济。

(3) 侵权责任具有较强的强制性。侵权行为损害了他人法定权利,是一种不法行为,侵权责任体现了国家对这种不法行为的制裁。相较于违约责任,侵权责任的形式、范围等都由法律明确的规定,当事人可协商的内容有限,因此具有较强的强制性。

二、过错责任、无过错责任和公平责任

根据责任的构成是否以当事人的过错为要件，民事责任划分为过错责任、无过错责任、公平责任。

1. 过错责任

【案例】 某日，张公平在马路上骑自行车飞速向前时，手机有电话打入，就边单手骑车边接电话，忽然无法控制自己，自行车快速冲向人行道，将正站在那里和人说话的董敏法撞倒。董敏法猝不及防，摔得很重，后经医院诊断，左臂骨折。为了治疗董敏法前后共花了医疗费 5 000 元。事后，董敏法找到张公平，要求其承担侵权责任。

【问题】 张公平的行为是否是侵权？董敏法的损失应如何承担？

过错责任是指行为人因主观上有过错而造成他人受损，应当承担的民事责任。所谓主观过错是指行为人对自己行为及行为后果持有的心理态度，包括了故意和过失两种状态。过错责任的承担，要求侵权人有主观过错，无过错则无责任。我国《侵权责任法》第 6 条规定："行为人因过错侵害他人民事权益，应当承担侵权责任。"确定了我国侵权责任一般是过错责任。案例中，张公平的行为构成侵权。张公平在骑车时有注意安全的义务，边骑车边打电话，导致自行车失控撞伤董敏法，他的行为有主观上的过错。因此张公平构成侵权，应承担董敏法的所有损失。

过错推定责任是过错责任的一种特殊行使方式。《侵权责任法》第 6 条第 2 款规定："根据法律规定推定行为人有过错，行为人不能证明自己没有过错的，应当承担侵权责任。"从而在立法上

确定了过错推定责任。根据“谁主张谁举证”原则，在侵权诉讼中，受害人必须证明行为人的过错。过错推定责任虽仍要求行为人主观上有过错，但过错由法律直接推定存在，不需要受害人证明。若行为人不想承担责任，就必须反过来证明自己没有过错。过错推定责任将举证责任从受害人转到行为人，从而减轻了受害人的负担，更好地保护受害人的利益。

2. 无过错责任

【案例】 某日，张公平 14 岁的儿子在马路上骑自行车飞速向前时，手机有电话打入，就边单手骑车边接电话，忽然无法控制自己，自行车快速冲向人行道，将正站在那里和人说话的董敏法撞倒。董敏法猝不及防，摔得很重，后经医院诊断，左臂骨折。为了治疗董敏法前后共花了医疗费 5 000 元。事后，董敏法找到张公平，要求其承担损害赔偿的责任。

【问题】 张公平是否应对董敏法的损失承担责任？

无过错责任是只要行为人客观上造成他人受损，不论其主观上是否有过错，都应当承担的民事责任。在无过错责任中，行为人的主观过错，不再成为承担责任的前提，最大程度上实现了权利人的保护。但无过错责任在加害人没有主观过错的情况下要求其承担责任，对加害人难免有失公平，因此其适用范围需要由法律明确规定。目前主要是违约责任和特殊侵权责任，不要求行为人的主观过错，为无过错责任。

案例中张公平应对董敏法承担责任。根据《侵权责任法》的规定，行为人因过错侵害他人的民事权益，承担侵权责任。张公平的儿子有主观上的过错，其行为构成侵权，应对董敏法进行损害赔偿。但他显然经济能力不足，无法赔偿董敏法的损失。根据《侵权责任法》的规定无民事行为能力人、限制民事行为能力人造成他人损害的，由监护人承担侵权责任。显然监护人承担责任，法律不要求有主观过错，监护人责任是无过错责任。本案中张公平是儿子的监护人，虽然他对造成董敏法受伤的行为并没有主观上的过错，但根据法律的规定，张公平承担无过错责任，不管有无过错，都得承担责任。所以张公平应当对儿子造成的董敏法的损失承担赔偿责任。

3. 公平责任

【案例】 张公平患有癫痫病。某日，张公平在马路上骑自行车飞速向前时，忽然癫痫发作，无法控制自己，自行车快速冲向人行道，将正站在那里和人说话的董敏法撞倒。董敏法猝不及防，摔得很重，后经医院诊断，左臂骨折。为了治疗董敏法前后共花了医疗费 5 000 元。事后，董敏法找到张公平，要求其承担侵权责任。

【问题】 张公平的行为是否是侵权？董敏法的损失应如何承担？

公平责任是指当事人对造成损害的行为主观上都没有过错，又不属于法律规定无过错责任的情况下，由人民法院根据实际情况，依据公平将损失在当事人之间进行合理分担而承担的责任。《侵权责任法》第 24 条规定："受害人和行为人对损害的发生都没有过错的，可以根据实际情况，由双方分担损失。"这一条确定了公平责任。

案例中张公平不构成侵权。根据《侵权责任法》的规定，行为人因过错侵害他人的民事权益，才承担侵权责任。张公平是由于癫痫病发作，才撞伤了董敏法。张公平撞伤董敏法的行为从主观上来说不存在过错，所以不构成侵权。

虽然张公平因为无过错，不构成侵权，但董敏法对损失的发生也没有过错，由他一人承担所有的损失，未免有失公平。因此本案应适用公平责任，由张公平和董敏法共同来分担损害的后果。张公平应对董敏法的损失给予一定的补偿。

三、无限责任和有限责任

【案例】 张公平、董敏法、魏荃泽等三人是好朋友，家中经济状况都不是很好，决定合作赚些钱。由于资金有限，他们决定合伙开一家小餐馆。三人签订了一份合伙协议，约定三人各出资1万元，共3万元，所有餐馆经营的权利义务和风险均按照出资比例来分配。经过筹备，三人的小餐馆开业。小餐馆刚开始经营还行，但一段时间之后严重亏损，对外欠了梁一思6万元的债务。张公平、董敏法二人见情况不妙，跑到外地去躲债，毫无音信。债权人梁一思找到了魏荃泽，要其承担全部6万元的债务。魏荃泽拒绝，他认为餐馆一共才投入3万元，最多赔偿3万元，不可能赔偿全部6万元。另外，根据合伙协议规定，他和张公平、董敏法应该平均承担债务，张公平和董敏法的债务和自己没关系，他最多清偿梁一思1万元。梁一思表示不能接受。

【问题一】 张公平、董敏法、魏荃泽三人是否应该对全部6万元债权承担进行清偿？

根据承担民事责任的财产范围，将民事责任划分为无限责任和有限责任。这是对财产责任的再次分类。

无限责任是指责任人以自己全部财产来承担的民事责任。如合伙人对合伙企业债务负担无限责任。有限责任是指责任人仅以特定范围内的财产来承担的民事责任。如公司股东仅以其出资为限对公司债务承担有限责任。

根据法律的规定，合伙企业对外承担无限责任，不以最初的出资、投入为限。上面案例中张公平、董敏法、魏荃泽三人应该以自己全部的财产来承担他们合伙的债务。餐馆是实际欠下 6 万元，就应该偿还 6 万元，而不是仅以当时投入的 3 万元的来承担债务。

四、按份责任和连带责任

【案例】 张公平、董敏法、魏荃泽等三人是好朋友，家中经济状况都不是很好，决定合作赚些钱。由于资金有限，他们决定合伙开一家小餐馆。三人签订了一份合伙协议，约定三人各出资 1 万元，共 3 万元，所有餐馆经营的权利义务和风险均按照出资比例来分配。经过筹备，三人的小餐馆开业。小餐馆刚开始经营还行，但一段时间之后严重亏损，对外欠下了梁一思 6 万元的债务。张公平、董敏法二人见情况不妙，跑到外地去躲债，毫无音信。债权人梁一思找到了魏荃泽，要其承担全部 6 万元的债务。魏荃泽拒绝，他认为餐馆一共才投入 3 万元，最多赔偿 3 万元，不可能赔偿全部 6 万元。另外，根据合伙协议规定，他和张公平、董敏法应该平均承担债务，张公平和董敏法的债务和自己没关系，他最多清偿梁一思 1 万元。梁一思表示不能接受。

【问题二】 张公平、董敏法、魏荃泽三人应该如何承担 6 万元的民事责任？

在多数人共同分担民事责任时，根据责任人之间责任的关联度，将其分为连带责任、按份责任。

连带责任是指按照法定或约定,各责任人连带地向权利人承担的民事责任。所谓的连带是指各责任人对外不分彼此的份额,都有义务根据权利人的请求承担责任,不能以超出自己应承担的份额为由而拒绝。当然连带责任人内部若约定了有份额,实际承担的责任超出自己份额的连带责任人,可以向其他连带责任人追偿。根据法律规定,合伙人对合伙债务承担连带责任。合伙债权人可以向债务人中的任何一个人要求偿还全部债务,债务人不得拒绝。所以,上面案例中魏荃泽有义务按照梁一思的请求,偿还他们小餐馆欠下的全部的 6 万元债务。

按份责任是指各责任人按照法定或约定的份额向权利人承担的民事责任。按份责任的各责任人彼此无连带,各自独立承担责任。案例中,根据合伙协议,张公平、董敏法和魏荃泽三人按出资比例承担按份责任。三人出资一样,应平均分担合伙债务。魏荃泽在偿还了全部 6 万元的债务后,有权向张公平、董敏法追偿,由张公平、董敏法各向魏荃泽偿付 2 万元。

第三节　民事责任的减轻和免除——免责事由

一、民事责任的减轻和免除概述

通常情况下,当事人损害他人民事权益,应该承担相应的民事责任。但在个别情况下,损害的发生是由于某些客观的原因导致的,如不可抗力、正当防卫、紧急避险等,不可归责于当事人,要求行为人承担责任有失公平,法律应该规定对其承担的责任给予免除或者减轻。免责事由就是指法律规定的免除或减轻行为人本应承担的民事责任的事由。

免责事由是由法律明确规定的，也就是说只有发生了符合法律规定的免责的情形，才会发生责任减免的效果。我国《民法总则》第 180 条到第 184 条明确规定我国民事责任的免责事由。

二、不可抗力

【案例】 1998 年 8 月 9 日下午 4 时许，沪东造船厂所在地上海浦东新区北部地区出现异常大风天气。受此影响，停泊在该厂 2 号泊位的在建船舶"杉海"轮(载重 47 500 吨)11 根系泊缆绳被风拉断，并从浦东横穿黄浦江，与上海东方疏浚工程公司停靠在码头的"航拖 438"轮和"航供 5"轮相撞，致两轮损坏，产生修理费用总计 82 366.52 元。

【问题】 沪东造船厂是否应该承担赔偿责任?

所谓不可抗力是指不能预见、不能避免且不能克服的客观情况。当事人在现有的社会客观条件下，不可能预见到某事的发生，即使预见到了，尽了最大的努力也不能阻止其发生，并且无法克服其发生后所带来的损害性后果。这是一种独立于人的意志之外，人力无法抵抗的情况。因此，不可抗力是法律普遍规定的免责事由。

上面案例中气象部门认定事发当日沪东造船厂所遭遇的大风可达 10 级以上，对于该灾害性天气，气象部门事先都无任何预见，对于被告沪东造船厂来说，更不可能预见。"杉海"轮缆绳的绷断是直接遭受自然风力引起，对此无法避免。在这种突发灾害性天气的情况下，要求使用常规方式拉住船舶、对抗风力、避免损失显然也是不合理的。所以本案的事故为不可抗力引起，沪东造船厂不承担责任。

《民法总则》第 180 条规定:“因不可抗力不能履行民事义务的,不承担民事责任。法律另有规定的,依照其规定。”这是不可抗力作为民事责任免责事由的一般适用规则。但同时本条也规定了例外规定,即在法律另有规定的情况下,即使有不可抗力的发生,也要承担民事责任。例如《合同法》第 117 条规定:“当事人迟延履行后发生不可抗力的,不能免除责任。”

三、正当防卫

【案例】 因工作任务提前完成,张公平提早下班回家。当他刚打开家门,便听到房间里有动静,原来是有小偷在偷东西。这时,小偷也看到了他。小偷立刻从怀里掏出匕首向他刺来。在相互搏斗中,张公平抓住机会,夺过匕首,刺伤了小偷的左手臂。小偷见打不过张公平,便夺门而逃。张公平追下去,并大喊抓贼。后和赶来的小区保安一起将小偷抓获,送到派出所处理。

没想到事隔两个月后,张公平收到法院送来的民事起诉状。原来,小偷名叫董敏法,他被张公平刺伤后,在医院治疗,花费医疗费 5 000 元。伤愈后,董敏法以张公平侵犯了其生命健康权为由,要求其承担民事赔偿责任。张公平认为自己刺伤小偷董敏法属于正当防卫,拒绝赔偿。

【问题】 张公平是否应该对董敏法承担进行赔偿?

所谓正当防卫是指为了使国家、公共利益、本人或者他人的人身、财产和其他权利免受正在进行的不法侵害,而对不法侵害人采取的制止不法侵害的行为。面对正在发生当中的不法侵害,正当防卫是行为人采取的一种自卫行为。表面看起来正当防卫对不法侵害人造成了损害，但造成这种损害是为了制止不法侵害，保护合法权益，具有正当性和合法性。因此正当防卫是法律规定的免责事由。《民法总则》第181条规定："因正当防卫造成损害的，不承担民事责任。"这是正当防卫作为民事责任免责事由的一般适用规则。上面案例是关于正当防卫引起的人身损害赔偿纠纷的案件。董敏法的盗窃行为被张公平发现，意图用匕首伤害张公平，张公平进行反击刺伤董敏法，其行为就属于正当防卫。

正当防卫有限度的要求。正当防卫是为了制止不法侵害，其防卫行为应以制止住不法侵害为限。若已制止住不法侵害却仍继续进行所谓防卫，就丧失了防卫的正义性，称之为防卫过当。此时超出限度的防卫行为，就成为侵权行为，应该承担民事责任。《民法总则》第181条第2款规定"正当防卫超过必要的限度，造成不应有的损害的，正当防卫人应当承担适当的民事责任。"防卫过当行为，不能免除行为人的民事责任，而是减轻其民事责任。案例中张公平反击刺伤的是董敏法的左手臂，制止了董敏法的盗窃行为和欲对自己实施的人身伤害的行为，未超过必要限度。根据《民法总则》规定因正当防卫造成损害的，不承担民事责任。董敏法一切医疗费用损失都应由他自己承担，张公平不用承担。

四、紧急避险

【案例】 张公平下班回家，快到达自己家所在楼层时，隐约听见有女孩的哭叫声。他赶紧冲上去，发现邻居董敏法家大门下方，正冒出浓烟，失火了。哭声正是从董敏法家中传出来，听着小朋友的哭叫声越来越弱，张公平来不及报警，决定先救孩子。这时另一户邻居魏荃泽开门看看发生了什么事，张公平冲入魏荃泽家里，左右一看，发现魏荃泽的一件大衣，急忙用水浸湿了，顶着湿的大衣冲进董敏法家中将小朋友抢救出来。火灾扑灭后，查明火灾原因是董敏法小女儿单独在家，不小心引起的。整个调查结束后，魏荃泽找到了张公平，称这件大衣是他在英国旅游时买的奢侈品牌纯羊绒的大衣，价值 1 万元。现在大衣已经烧得不能穿了，向张公平提出赔偿。张公平拒绝，认为大衣被烧毁是为了救孩子，自己不应该承担赔偿责任。

【问题】 张公平是否应该承担这件贵重的纯羊绒大衣的赔偿责任？魏荃泽的损失应由谁赔偿？

所谓紧急避险为了使国家、公共利益、本人或者他人的人身、财产和其他权利免受正在发生的危险，不得已采取的损害较小利益保护较大利益的行为。在危险发生的紧急情况下，避险行为虽然给他人的利益造成了一定的损害，但保护了国家、集体、自己或他人的更大利益，因此整体上看紧急避险是对社会有益的行为。因此紧急避险是法律规定的免责事由。上面案例就是关于紧急避险引起的赔偿纠纷的案件。张公平为了救出火灾中的孩子，烧毁了魏荃泽的纯羊绒大衣。虽然大衣价值很高，但孩子的生命是不可用价值衡量的。所以，张公平是紧急避险行为。

《民法总则》第 182 条规定："因紧急避险造成损害的，由引起险情发生的人承担民事责任。"也就是说，紧急避险人免责，对避险行为造成的损失，不承担相应的民事责任。但是紧急避险中的受损者也是无辜的，由受损者来承担避险行为带来的损失，显然也是不公平的。因此，法律规定由引起险情发生的人来承担损害赔偿的民事责任。案例中火险是董敏法的小女儿引起的，张公平不应承担羊绒大衣的赔偿责任，应由董敏法对魏荃泽承担羊绒大衣的损失赔偿责任。

根据《民法总则》第182条第2款的规定“危险由自然原因引起的，紧急避险人不承担民事责任，可以给予适当补偿。”危险由自然原因引起，就没有了责任人。若紧急避险人是为了自己的利益而采取紧急避险行为，导致他人受损，自己却从中获益，从公平原则出发，作为受益人，紧急避险人可以对受损者承担适当的补偿。

当然，紧急避险行为引起的损害应轻于危险可能带来的损害。若避险行为引起的损害大于或等于危险可能带来的损害，就丧失了避险行为的合理性与合法性，称之为避险过当。《民法总则》第182条第3款规定：“紧急避险采取措施不当或者超过必要的限度，造成不应有的损害的，紧急避险人应当承担适当的民事责任。”避险过当行为不能免除避险人的民事责任，只能减轻其民事责任。

第四节　侵害英雄烈士等人格利益的民事责任——姓名、肖像、名誉、荣誉四项人格利益的保护

一、侵害英雄烈士等人格利益的民事责任概述

【案例】　孙某是新浪微博知名博主，在新浪微博上账号名是“作业本”。2013年5月22日，“作业本”账号发文称“由于邱少云趴在火堆里一动不动最终食客们拒绝为半面熟买单，他们纷纷表示还是赖宁的烤肉较好”。该文在31分钟后转发即达662次，点赞78次，评论884次。这篇博文对邱少云等烈士进行侮辱、丑化，在网络和现实社会中引起了强烈反响，2013年5月23日凌晨，该微博被删除。

2015年4月，加多宝公司举行庆祝销量夺金的感谢活动，通过其“加多宝活动”的官方账号，向各方人士表示感谢，其中包括了孙某的“作业本”微博。“加多宝活动”发博文称：“多谢@作业本，恭喜你与烧烤齐名。作为凉茶，我们力挺你成为烧烤摊CEO，开店十万罐，说到做到。”而孙某用“作业本”的账号于2015年4月16日转发并公开回应：“多谢你这十万罐，我一定会开烧烤店，只是没定哪天，反正在此留言者，进店就是免费喝!!!”与其他感谢微博寥寥无几的转发数相比，感谢“作业本”的相关微博迅速引起了巨大的关注，一天内转发一万多次，评论多达两千多条。大部分网友对这种营销手段不满，对他们进行抨击。加多宝方面随后删除了这条微博，很多网民仍表示“再也不会买加多宝了”，“再见加多宝，汶川地震的好感到此为止。”

微博大V“作业本”(孙某)对邱少云烈士进行侮辱、丑化，加多宝公司以违背社会公德的方式贬损烈士形象用于市场营销的低俗行为，在社会上造成了极其恶劣的影响，也对使邱少云烈士亲属的精神遭受严重创伤并使其家庭生活受到了极大影响。2015年6月，革命烈士邱少云胞弟邱少华正式向北京市大兴区人民法院以“一般人格权纠纷”为案由，提起了民事诉讼。请求判令孙某和加多宝公司停止侵害，消除影响，赔礼道歉，并赔偿精神损失1元。

北京市大兴区人民法院20日对邱少云烈士之弟邱少华诉孙某(网名作业本)、加多宝(中国)饮料有限公司一般人格权纠纷案一审公开宣判，判决二被告于判决生效之日起三日内公开发布赔礼道歉公告，向原告邱少华赔礼道歉，消除影响，该公告须连续刊登五日；二被告连带赔偿原告邱少华精神损害抚慰金1元，于判决生效后三日内履行。

【问题】 为什么要对英雄烈士的人格利益特别进行保护?

英雄烈士是一个国家和民族精神的体现，英雄烈士的事迹、形象及奉献精神是我们共同的历史记忆，得到全社会广泛认同，是我们共同的民族情感。当英雄烈士被无情的诋毁、侮辱，不仅英雄烈士的人格尊严被伤害，全体社会公众的情感无疑也被严重的伤害，这是对社会公共利益的损害。上面案例就是恶意诋毁、侮辱民族英雄和革命先烈，侵害其人格利益的典型案件。这一判决，维护了民族英雄和革命先烈的合法权益，对于以侮辱、诋毁民族英雄和革命先烈的人格为手段，恶意商业炒作获得不法利益的侵权行为，具有鲜明的警示意义。

《民法总则》第 185 条规定："侵害英雄烈士等的姓名、肖像、名誉、荣誉，损害社会公共利益的，应当承担民事责任。"对侵害英雄烈士等的人格利益的应承担的民事责任进行了规定。加强对英雄烈士的姓名、肖像、名誉、荣誉等的法律保护，可以遏制社会中恶意抹黑英雄烈士的行为，可以促进社会中尊崇英烈、积极扬善的道德追求。对培育和践行社会主义核心价值观，激发实现中华民族伟大复兴中国梦的强大精神力量，具有重要意义。

二、侵害英雄烈士等人格利益民事责任要注意的几个问题

本条的"英雄烈士等"指的是近代以来，为了争取民族独立和人民解放，实现国家富强和人民幸福，促进世界和平和人类进步而毕生奋斗、英勇献身的英雄烈士们，是已经故去的人。

本条用列举的方式，对侵害了英雄烈士的人格利益规定，包括姓名、肖像、名誉、荣誉四项。英雄烈士的姓名、肖像、名誉和荣誉四项人格利益往往最受到大众的关注，和社会公共利益紧密相连，受到法律的特别规定。

侵害行为必须损害了社会公共利益。侵害英雄烈士的人格利益若没有公共利益的受损,和侵害一般民事主体人格权也就没有不同。和公共利益相关联,正是英雄烈士人格利益的特殊之处,也是法律对英雄烈士人格权给予特别保护的原因。

三、侵害英雄烈士等人格权益的请求权主体

对侵害英雄烈士的姓名、肖像、名誉、荣誉的行为,英雄烈士的近亲属可以依法向人民法院提起诉讼。除近亲属外,国家公权力机关有义务对社会公共利益进行维护。在英雄烈士没有近亲属或者近亲属不提起诉讼的,检察机关应依法对侵害英雄烈士的姓名、肖像、名誉、荣誉,损害社会公共利益的行为向人民法院提起诉讼。

四、对英雄烈士人格利益保护并不否定对其一般人格利益的保护

人格利益的内容非常丰富,《民法总则》第 185 条规定并没有涵盖英雄烈士除姓名、肖像、名誉、荣誉以外的人格利益内容,例如隐私人格利益的保护。这是因为英雄烈士的这四项人格利益常常与社会公共利益联系在一起,法律需要特别保护。但并不意味着对英雄烈士其他的人格利益不予保护,对英雄烈士其他的人格利益可以按一般人格利益进行民事保护。

参考文献

1. 佟柔主编:《中国民法》北京,法律出版社 1990 年版。

2. 梁慧星:《民法总论》(第 5 版),法律出版社 2017 年版。

3. 王利明:《民法总则研究》(第 3 版),中国人民大学出版社 2018 年版。

4. 王利明主编:《中华人民共和国民法总则详解》,中国法制出版社 2017 年版。

5. 杨立新:《中国民法总则研究》,中国人民大学出版社 2017 年版。

6. 杨立新:《中华人民共和国民法总则要义与案例解读》,中国法制出版社 2017 年版。

7. 郑玉波:《民法总则》,中国政法大学出版社 2003 年版。

8. 王泽鉴:《民法总则》,北京大学出版社 2009 年版。

9. [德]卡尔·拉伦茨:《德国民法通论》,王晓晔等译,法律出版社 2003 年版。

10. [德]迪特尔·梅迪库斯:《德国民法总论》,邵建译,中国人民大学出版社 2017 年版。

11. 魏振瀛主编:《民法》,北京大学出版社 2010 年版。

12. 陈甦主编:《民法总则评注》,法律出版社 2017 年版。

13. 龙卫球:《民法总论》,中国法制出版社 2001 年版。

14. 朱庆育:《民法总论》(第 2 版),北京大学出版社 2016 年版。

15. 陈华彬:《民法总则》,中国政法大学出版社 2017 年版。

16. 李宇:《民法总则要义:规范释论与判解集注》,法律出版社 2017 年版。

17. 李显冬:《民法总则典型案例疏议》,法律出版社 2008 年版。

18. 王竹:《中华人民共和国民法总则编纂对照表与条文释义》,北京大学出版社 2017 年版。

19. 尹田:《民法典总则之理论与立法研究》,法律出版社 2010 年版。

20. 岳业鹏:《中华人民共和国民法总则配套解读与实例》,法律出版社 2017 年版。

21. 郑云瑞:《民法总论》,北京大学出版社 2018 年版。

22. 许中缘、屈茂辉:《民法总则原理》,中国人民大学出版社 2012 年版。

23. 栾兆安:《民法总则简明知识例解》,中国民主法制出版社 2017 年版。

24. 石宏:《中华人民共和国民法总则条文说明、立法理由及相关规定》,北京大学出版社 2017 年版。

图书在版编目(CIP)数据

民法总则与生活/宋纪连，徐青英，郭艺蓓著.—
上海：上海人民出版社，2019
ISBN 978 - 7 - 208 - 15835 - 1

Ⅰ.①民… Ⅱ.①宋… ②徐… ③郭… Ⅲ.①民法-总则-基本知识-中国 Ⅳ.①D923.1

中国版本图书馆 CIP 数据核字(2019)第 079439 号

责任编辑 秦 堃 史尚华
封面设计 甘晓培

民法总则与生活
宋纪连 徐青英 郭艺蓓 著

出　版 上海人民出版社
(200001 上海福建中路 193 号)
发　行 上海人民出版社发行中心
印　刷 常熟市新骅印刷有限公司
开　本 890×1240 1/32
印　张 8
插　页 2
字　数 200,000
版　次 2019 年 9 月第 1 版
印　次 2019 年 10 月第 2 次印刷
ISBN 978 - 7 - 208 - 15835 - 1/D・3406
定　价 38.00 元